# LE DRAPEAU DU SACRÉ-CŒUR

## ET

# LES ZOUAVES

### Par M. S... A...

TROISIÈME ÉDITION REVUE ET AUGMENTÉE

**PRIX : 85 CENTIMES**

---

### SE VEND
### AU PROFIT D'UNE BONNE ŒUVRE

Monsieur le Curé de Saint-Amand, près Torigny (Manche)

---

1889

# LE DRAPEAU DU SACRÉ-CŒUR

## ET

# LES ZOUAVES

### Par M. S... A...

TROISIÈME ÉDITION REVUE ET AUGMENTÉE

## SE VEND
AU PROFIT D'UNE BONNE ŒUVRE

Chez Monsieur le Curé de Saint-Amand, près Torigny (Manche)

1889

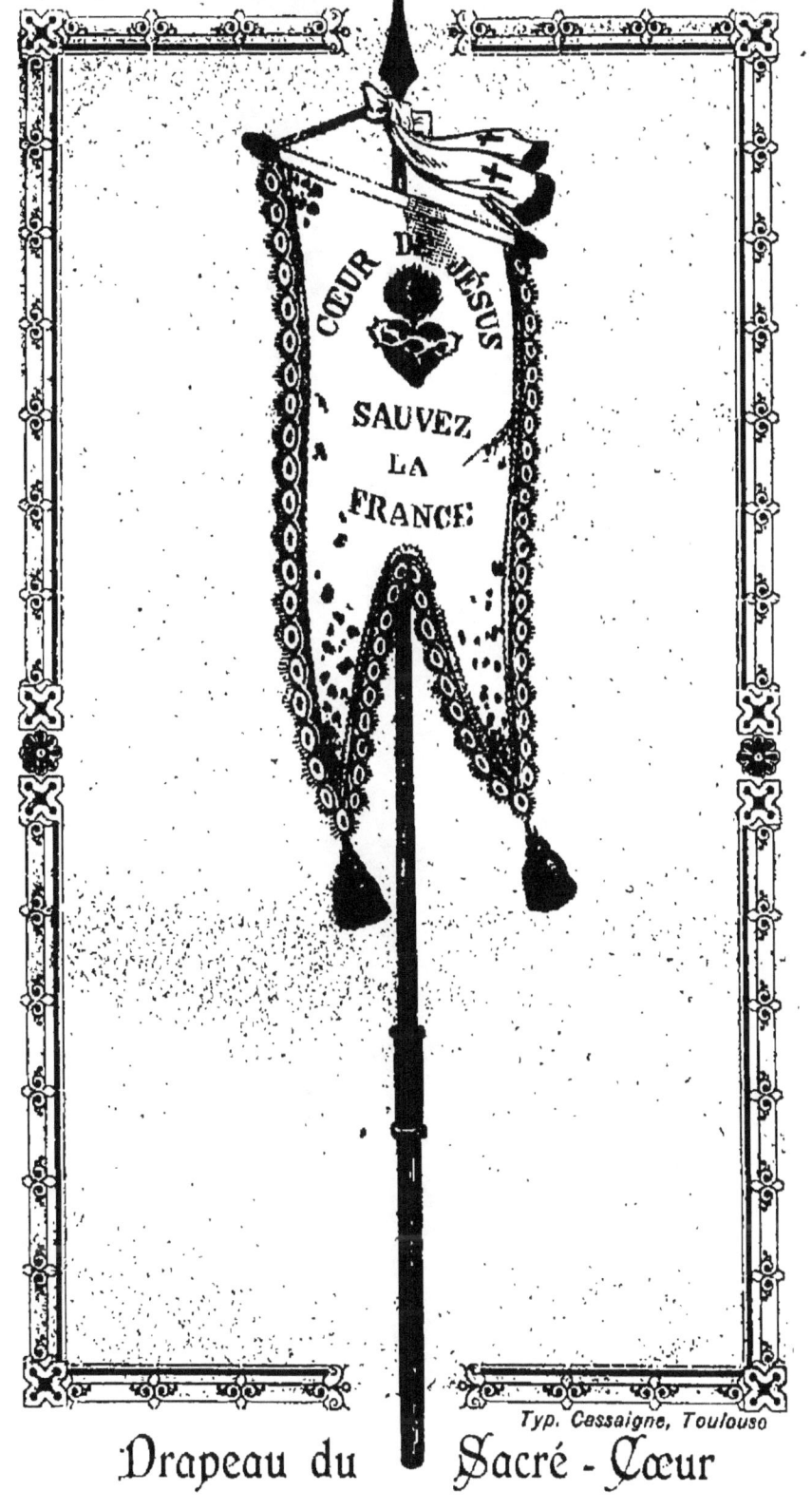

Drapeau du Sacré-Cœur

Déployé à LOIGNY, par les Zouaves,
Le 2 Décembre 1870

Aux Généraux De SONIS et De CHARETTE

AUX PORTE-DRAPEAU

AU RÉGIMENT DES ZOUAVES

AUX MOBILES ET AUX FRANCS-TIREURS

PRÉSENTS A LOIGNY

HOMMAGE DE PROFOND RESPECT

ET DE RELIGIEUSE ADMIRATION

N. B. — En donnant le nom de *vénérable* et de *saint* à quelques personnages, nous n'avons pas eu dessein de prévenir le jugement du Souverain Pontife, à qui nous soumettons de grand cœur nos sentiments et notre personne.

*Beaucoup d'ouvrages et de feuilles publiques ont parlé du Drapeau du Sacré-Cœur déployé par les Zouaves à la bataille de Loigny; mais aucun n'en a raconté complétement l'histoire. C'est pour combler cette lacune que nous avons rassemblé et groupé ensemble tous les détails relatifs à cet étendard sacré (1).*

*Le lecteur ne sera pas étonné de voir une place d'honneur réservée aux Zouaves dans ce récit. Ils ont été à la peine avec le Drapeau du Sacré-Cœur : il est juste qu'avec lui ils soient à la gloire. Nous prenons la liberté de leur dédier cette brochure, ainsi qu'à tous ceux qui ont pris part au combat de Loigny, et nous les prions de l'agréer comme un modeste hommage rendu à leur héroïque valeur.*

*Puisse ce modeste récit contribuer à développer dans les âmes la dévotion au Cœur adorable de Jésus !*

S... A...

---

(1) Nous avons spécialement consulté les *Souvenirs du Régiment des Zouaves*, par le G<sup>al</sup> Baron de CHARETTE ; la *Vie de M. Dupont*, par M. l'Abbé JANVIER ; les *Episodes miraculeux de Lourdes*, par M. LASSERRE ; le *Messager du Sacré-Cœur* ; le *Récit des Pèlerinages à Paray*, en 1873 ; les *Elèves des Jésuites*, par le P. DIDIERJEAN ; l'*Oraison funèbre du Gén. de Sonis*, par Mgr FREPPEL ; les *Journaux* de l'époque, et les *Notes* que plusieurs familles ont bien voulu nous communiquer. La reconnaissance nous oblige à remercier publiquement le G<sup>al</sup> de CHARETTE d'avoir bien voulu corriger notre modeste travail et en encourager la publication. (Lettre du 16 janvier 1889.)

# LE DRAPEAU DU SACRÉ-CŒUR

ET

# LES ZOUAVES

## I

### Le Départ de Rome.
### Formation de la Légion des Volontaires de l'Ouest.

Après l'abandon de Rome par le Gouvernement français, au mois d'août 1870, et l'invasion des troupes italiennes sur le territoire pontifical, Pie IX comprit que la résistance était inutile. Son armée comptait à peine 9,500 hommes contre 80,000 Piémontais ; elle avait 15 pièces de canon et l'ennemi 280. Le 9 septembre, Pie IX envoya au Général Kanzler l'ordre de négocier la reddition de Rome, aussitôt qu'une brèche serait ouverte. « Il est de mon devoir, lui disait-il, d'ordonner que la défense consiste uniquement en une protestation constatant la violence, et rien de plus..... Dans un moment où l'Europe entière déplore les très nombreuses victimes d'une guerre entre deux puissantes nations, on ne pourra jamais dire que le Vicaire de Jésus-Christ, quoique assailli, ait consenti à une grande effusion de sang. Notre cause est celle de Dieu, et nous mettons en lui toute notre confiance. » Le lendemain, une brèche était faite près de la porte *Pia*; le Général ordonna donc de cesser le feu et la défense. Victor-Emmanuel pouvait désormais dresser son trône dans cette Capitale du monde chrétien, d'où, quinze siècles auparavant, Constantin avait enlevé le sien.

Ils étaient pourtant là, encore, tous ces Zouaves qui auraient si volontiers donné leur vie pour le succès de leur sainte cause ! L'obéissance due au Vicaire de Jésus-Christ put seule les empêcher de continuer la lutte en Italie. Ils auraient au moins voulu porter secours à la France, alors si humiliée; le gouvernement italien, fidèle à ses traditions d'ingratitude, s'y opposa. Les étrangers : Espagnols, Portugais, Belges, Suisses, Canadiens, furent renvoyés dans leurs pays respectifs ; les

Français seuls, au nombre de six cents, purent s'embarquer pour Toulon.

C'était le dimanche 25 septembre 1870. L'aumônier célébra le saint sacrifice de la messe. Une messe, à bord d'un vaisseau, offre toujours un spectacle grandiose que l'on ne saurait oublier, même quand on n'a pas la foi. On ne peut sans émotion voir le prêtre élever l'Hostie sainte entre les deux immensités de la mer et du ciel. Ce jour-là, une circonstance bien touchante vint encore augmenter l'émotion dans les cœurs. On sait que le drapeau qui avait conduit les Zouaves au combat avait été sauvé par un de ces hasards heureux que les âmes pieuses attribuent à l'intervention des bons Anges; le capitaine de Fumel l'avait soustrait à la rapacité de l'ennemi, en le cachant dans les plis de sa ceinture. Hélas! ce glorieux étendard n'avait plus le droit de paraître au grand jour! A l'issue de la messe, le Colonel de Charette le salua encore une fois, puis il le lacéra, en l'arrosant de ses larmes. Chacun des Zouaves pontificaux en reçut un lambeau et le pressa religieusement sur son cœur. C'est la seule dépouille opime que ces vaillants soldats aient rapportée au foyer de la famille.

Le 27 septembre, ils débarquèrent à Toulon. L'autorité militaire les dirigea sur Tarascon. Sans perdre de temps, M. de Charette se rendit à Tours, siège du gouvernement dit de la *Défense nationale*, pour offrir ses services et ceux de ses compagnons d'armes. Il fallut près de huit jours de pourparlers avant d'obtenir une réponse définitive. Enfin le Général Lefort, faisant fonction de ministre de la Guerre, accepta et donna à cette troupe le nom de *Légion des Volontaires de l'Ouest.*

Sur-le-champ, le Colonel télégraphie cette bonne nouvelle à ses soldats, en les priant de le rejoindre au plus tôt. Mais, fatigués de ces lenteurs administratives, plusieurs avaient déjà quitté Tarascon et s'étaient retirés dans leurs familles ou enrôlés dans l'armée régulière ou dans des corps francs.

.˙.

D'un autre côté, les Vendéens s'étaient levés sous les ordres de Henri de Cathelineau, que le gouvernement avait autorisé à former un corps de volontaires composé de cavaliers, d'éclaireurs et de francs-tireurs et avait nommé commandant. Cette troupe devait faire partie du 15$^{me}$ Corps d'armée.

Or, tous ces soldats, Vendéens et Zouaves, sans entente préalable, mirent le Cœur de Jésus sur leur poitrine, soit en souvenir de leurs pères, Henri de La Rochejaquelein, Lescure, Bonchamps, Charette, soit en souvenir de Mentana, mais surtout en mémoire des consolantes révélations de Paray-le-Monial. Cet acte religieux leur valut le glorieux surnom de Légitimistes cléricaux. La suite montrera si le Cœur de Jésus, placé sur un cœur de soldat, et de soldat français, le fait battre moins vaillamment.

## II

**Origine du Drapeau du Sacré-Cœur** (1).

Charette ne se contentait pas de cette image du Cœur de Jésus. Il désirait encore un drapeau religieux. Mais lequel choisir ? Question difficile que la Providence se chargea de résoudre.

Au fond de la Bourgogne, dans deux châteaux assez rapprochés, vivaient à cette époque deux gentilshommes unis par le sang et également éprouvés par la souffrance. L'un, M. de Montagu, était atteint d'une hydropisie du cœur, maladie sans espoir qui l'emportait à grands pas

(1) Ce récit est emprunté aux *Episodes miraculeux de Lourdes*, par M Lasserre.

vers le tombeau. L'autre était l'abbé Victor de Musy, paralytique, qui devait plus tard être guéri miraculeusement à la Grotte de Lourdes. Ce dernier visitait fréquemment son vieux parent. Ils se plaisaient ensemble et s'oubliaient dans de longs entretiens. Ils parlaient de la France et de Dieu, de la France vaincue et de Dieu oublié. — « Dieu, répétaient-ils souvent, a été chassé de nos lois, de nos institutions, de nos armées... Comment, privé de son fondement, l'édifice ne s'écroulerait-il pas ? » — « Tenez, Victor, continuait M. de Montagu, croiriez-vous que, dans toute l'armée de France, il n'y a pas à l'heure présente un seul chef qui demande publiquement, avant le combat, l'alliance et l'aide du Tout-Puissant ? Croiriez-vous qu'il n'y a pas un seul bataillon dont l'étendard contienne un signe chrétien ?... Ah ! si la France et ses soldats arboraient le retour à Dieu, le Maître qui nous punit pour nous instruire cesserait de châtier dès qu'on aurait compris la leçon ! Il faut réagir pour agir, il faut retourner en arrière pour aller en avant, il faut se vaincre pour être vainqueurs. »

— « Hélas ! que nous en sommes loin ! » s'écriait l'abbé de Musy.

— « Qui sait ? On dit que Cathelineau et Charette s'occupent déjà de rassembler une phalange catholique. Vive Dieu ! Je donnerai mon jeune fils Etienne. Et tandis qu'ici le père mourra en priant, l'enfant, là-bas, se fera tuer pour sa patrie. Soyez certain que ce corps de volontaires, formé ainsi au nom de Dieu et de son Christ, sera la légion fulminante. Ne fût-elle que d'une poignée d'hommes, le Seigneur lui accordera une gloire isolée, si vive et si éclatante que cette petite cohorte brillera comme une étoile dans le ciel noir de nos désastres. Et l'évidence imposera à l'histoire cette conclusion. » Si seulement la moitié de l'armée eût été semblable à l'héroïque et chrétienne Légion, la France était sauvée et triomphante.

Tout en approuvant le fond de ces pensées, auxquelles M. de Montagu revenait constamment, avec la persistance extrême particulière à certains vieillards, l'abbé de Musy se demandait s'il n'y avait point une part considérable de rêve, d'idée fixe et de chimère dans les affirmations quasi-dogmatiques et les semi-prophéties que formulait son parent, affaibli par l'âge et par la maladie.

Les Prussiens occupaient en ce moment un tiers du territoire. La presque totalité de notre armée régulière était prisonnière au-delà du Rhin ou tenue captive dans la ville de Metz. Paris était investi. Les troupes allemandes avaient marché devant elles, d'étape en étape, sans rencontrer un seul échec et sans qu'un seul de leurs régiments eût été obligé de reculer d'un pas. A la place des bataillons de Crimée et d'Italie, nous n'avions que de pauvres recrues inexpérimentées. Telle était la situation.

— « Maintenant, c'est à nous deux, reprit un jour M. de Montagu en forme de conclusion, d'accomplir notre devoir. Il nous faut tenter de sauver notre patrie et de changer la fortune de nos armes. »

Ainsi parla au pauvre prêtre paralysé un malade qui semblait ne plus avoir qu'un souffle de vie.

En entendant un propos si extraordinaire, l'abbé de Musy leva sur son interlocuteur un regard étonné et légèrement inquiet. — « Hélas! dit-il, que pouvons-nous faire, vous et moi, sinon prier ?

— « C'est déjà combattre, répondit gravement le vieux gentilhomme; mais nous pouvons agir.

— « Et de quelle manière ?

— « La bienheureuse Marguerite Marie a écrit ces consolantes paroles : « Le Sacré-Cœur sauvera la France! » Eh bien! l'instant prédit est peut-être venu; car la France semble vraiment menacée de périr. Essayons donc de mettre dans les mains de nos soldats, et à la tête de nos combattants, le véritable étendard chrétien, portant, brodé dans ses plis, l'emblème vénéré du Cœur de Jésus-Christ. Faisons tout pour cela, par nous-mêmes, par nos amis, par nos relations, et envoyons ce drapeau à Paris, afin qu'il flotte, en témoignage de la foi de la France, sur les murs de notre Capitale assiégée. »

\*
\* \*

Cette idée frappa beaucoup l'abbé de Musy. Elle devint sienne.

— « Vous avez été la pensée, dit le prêtre au laïque ; je veux être l'exécution. »

On sait qu'il ne pouvait écrire, à cause de sa vue malade. Son secrétaire, le jeune abbé Antoine, étant absent en ce moment, il dicta à sa sœur Geneviève, pour la supérieure du couvent de la Visitation de Paray-le-Monial, une lettre des plus pressantes : « Je vous prie, lui disait-il, de faire exécuter immédiatement, et à mes frais, par les Religieuses de votre communauté, un drapeau du Sacré-Cœur, sur lequel devra être brodée en lettres d'or, comme souvenir de la promesse de Jésus à la Bienheureuse, l'invocation : « *Cœur de Jésus, sauvez la France !* »

Au bout de quelques jours arriva la réponse de la Révérende Mère annonçant l'envoi du drapeau : — « Depuis longtemps, écrivait-elle, j'avais eu moi-même une idée semblable ; mais j'attendais l'ordre de Dieu. Votre demande a été pour moi la voix du Ciel. Nous nous sommes aussitôt mises au travail... Le drapeau est achevé. Je viens d'adresser la caisse à Monseigneur Bouange, archidiacre d'Autun, avec prière de vous la faire tenir. »

Dès le lendemain, en effet, le Prélat informa la famille de Musy que ce drapeau était en sa possession.

## III

### La Remise du Drapeau.

A Tours, où s'était réfugié le gouvernement de la Défense nationale, vivait un illustre serviteur de Dieu, M. Dupont. C'était devant la Sainte Face de Notre-Seigneur, vénérée dans la maison de ce grand chrétien, que le jeune Victor de Musy avait retrouvé, vingt ans auparavant, l'usage de sa voix perdue, et, par suite, la faculté de terminer ses études ecclésiastiques et de recevoir les saints Ordres. Voyant en lui un précieux intermédiaire, le prêtre infirme lui fit adresser LE DRAPEAU DU SACRÉ-CŒUR. « Si vous le pouvez, lui écrivait-il, faites-le parvenir au

Général Trochu, et, si cela est impossible, confiez-le aux *Défenseurs de l'Ouest.* » Les Religieuses de la Visitation de Paray écrivirent à peu près dans le même sens à M. Dupont.

Introduire dans Paris ce nouveau *Labarum* pour le remettre au Général Trochu était chose impossible. La Capitale était cernée de toutes parts par les armées ennemies, et toute communication était interceptée.

D'un autre côté, la dénomination de *Défenseurs de l'Ouest* était vague ; M. Dupont ne comprit rien à ce message.

L'Oriflamme était arrivée à Tours le jour même où le Gouvernement avait accordé aux Zouaves la liberté de combattre sous le nom de *Légion des Volontaires de l'Ouest.* En sortant de chez le Ministre de la Guerre, le Colonel de Charette accourut tout fier à l'hôtel où étaient logés sa belle-mère, la Duchesse de Fitz-James, et ses deux enfants, et il s'écria en entrant dans le salon : « Me voilà nommé *Commandant des Volontaires de l'Ouest!* » — « Je n'avais pas, raconte-t-il lui-même, remarqué dans l'angle du salon un homme qui, entendant cette exclamation, s'avança vers moi et me dit : « Colonel, c'est providentiel ; voici la lettre que je viens de recevoir des Religieuses de Paray-le-Monial : « Je
« vous envoie un Etendard brodé par nous avec
« les insignes du divin Cœur de Jésus, et les

« paroles de Marguerite-Marie : *Cœur de Jésus,*
« *sauvez la France !* Il avait d'abord été destiné
« à être remis au Général Trochu pour être placé
« sur les murs de Paris afin de protéger la ville ;
« mais l'investissement de la Capitale ayant lieu,
« vous remettrez cette bannière soit à Catheli-
« neau qui vient de faire une proclamation en
« l'honneur de la sainte Vierge, soit au Com-
« mandant des Volontaires de l'Ouest. » Colonel,
votre nomination, le hasard qui m'amène ici en
ce moment, sont également providentiels ; c'est
à vous que revient de droit le Drapeau du Sacré-
Cœur. » Cet homme n'était autre que le *saint*
de Tours, M. Dupont, dont nous avons parlé, et
parent de la Duchesse de Fitz-James.

Charette accepta avec joie cette proposition.

*\*.\**

Ce fut devant la Sainte Face (1) que le Drapeau
de Paray-le-Monial fut présenté le lendemain au
Colonel. Etaient présents : M. Dupont, M. Ratel,
M. le docteur de la Tremblaye et son fils
Martin de la Tremblaye, aujourd'hui Bénédictin

(1) Cette image de la Sainte Face était exposée dans la
chapelle domestique de M. Dupont.

de la Congrégation de Solesmes, M<sup>me</sup> la Duchesse de Fitz-James, M<sup>me</sup> Emile Lafon et les jeunes enfants du Colonel venus à Tours pour embrasser leur père. On pria devant la Sainte Face et on ouvrit la caisse adressée aux Défenseurs de l'Ouest. La bannière fut retirée et déployée. C'était une longue bande de soie blanche brodée d'or, échancrée par le bas ; le Sacré-Cœur y était brodé en rouge, enserré par une couronne d'épines de couleur verte et surmonté d'une croix qui se dégage en couleur sombre du milieu des flammes. La devise : « *Cœur de Jésus, sauvez la France !* » était en rouge.

La bannière ne fut pas livrée sur-le-champ à M. de Charette ; il fut décidé qu'elle serait déposée jusqu'au lendemain sur le tombeau de saint Martin, et qu'on broderait au revers ces mots : *Saint Martin, protégez la France !* C'était compléter la pensée de M. de Musy et des Visitandines et unir au Sacré-Cœur saint Martin, puissant protecteur de la France, l'ami du Cœur de Jésus. Cette broderie fut aussitôt dessinée par une des dames présentes et exécutée le jour même par les Religieuses Carmélites de Tours.

Ainsi complétée, la bannière fut transportée au tombeau de saint Martin. Elle y passa la nuit, et le matin, après la messe, en présence de M. Dupont et de ses amis, le Colonel prit ce glorieux étendard qui devait, deux mois après, être déployé à Patay.

## IV

**Nouvelles Recrues.**

Après avoir réuni ses Zouaves, Charette fit appel à tous les hommes de cœur qui n'étaient pas encore incorporés, à tous ceux qui, de près ou de loin, avaient appartenu au Régiment. « J'avertis, disait-il, que je veux former un corps sérieux où régnera la plus grande discipline (1). »

Son appel fut entendu, et l'on vit alors des jeunes gens, des pères de famille, des hommes déjà âgés s'arracher aux douceurs de la vie de château ou aux travaux des champs et s'enrôler comme Zouaves, afin de défendre la patrie menacée. Ce n'était pas l'amour de la vie d'aventure qui les entraînait, mais le désir de verser leur sang pour leur pays, leur religion, leurs foyers : *pro aris et focis*. Ce n'étaient pas des phraseurs

(1) Il fut habilement aidé, dans cette circonstance, par M. Georges de Pouy, son secrétaire en chef. Ce vaillant chrétien devint plus tard Président de l'Hospitalité de Notre-Dame de Lourdes ; il est mort à Lourdes au mois d'août 1888.

qui envoient les autres à la boucherie et s'enfuient eux-mêmes à l'approche du danger ; c'étaient des héros qui agissaient en répétant ces nobles et sublimes paroles de La Rochejaquelein : « Si j'avance, suivez-moi ; si je recule, tuez-moi ; si je meurs, vengez-moi ! »

En peu de temps, les cadres furent remplis ; la petite troupe se trouvait ainsi composée des plus grands noms de France ; la plupart avaient fait leurs études chez les PP. Jésuites. On y voyait, entre autres, MM. de Charette frères, de Pouy, de Troussures, de Montcuit, le Gonidec, du Réau, de Gastebois, de Montagu, de Ferron, du Bois-Chevalier, Paul de la Bégassière, de Foresta, de Villebois, Armand et Joseph du Bourg (1), de Montbel, de Villèle, de Traversay, de Raincourt, de Mallerie, de Limayrac, Geoffroy de Montalembert, de la Peyrade, de Villemaret, de la Touche, de Pontourny, de Suze, de Richemond, de Vogué, de Lesparda, de Bellevue, Pavy, Bouquet des Chaux, d'Albiousse, de Vetch, Landeau, de Kersabiec, de Vesins, de la Valette-Montbrun, de Lagrange, le marquis de Coislin, vieux chef royaliste de 1832, le comte Fernand de Bouillé

---

(1) MM. Armand et Joseph du Bourg, de Toulouse, avaient un troisième frère sous les drapeaux ; il se nommait Henri et servait en Afrique. Un quatrième frère, Antoine, marié, était resté dans la famille ; nous le verrons plus tard s'engager comme Zouave après la mort d'Armand.

père, Jacques de Bouillé, son fils, Edouard de Cazenove de Pradines, son gendre (1), un vieux serviteur qui, devant l'ennemi, voulait combattre à côté de ses maîtres, et tant d'autres qu'il serait trop long d'énumérer. Nous nous reprocherions cependant de ne pas citer encore M. de Verthamon, qui était allé à Rome et devait porter à Loigny la Bannière du Sacré-Cœur. Marié déjà depuis quelques années à M<sup>lle</sup> de Saint-Aulaire, il n'avait pu être retenu sous le toit si aimé de la famille, ni par les séductions d'une brillante position, ni par l'affection si tendre de son père, de sa mère, de sa jeune épouse, alors enceinte, et de deux charmants petits enfants.

En présence d'une telle générosité, l'esprit se reporte volontiers vers ces temps chevaleresques où nos aïeux se levaient en masse aux cris de : *Dieu le veut !* et couraient à la conquête ou à la défense des Saints Lieux ; mais en même temps le cœur éprouve une bien vive tristesse en pensant que les patriotes du Mans ont voulu faire refuser des chassepots à ces braves. Il fallait,

---

(1) Le Comte F. de Bouillé, petit-fils de Bonchamps, avait alors quarante-neuf ans, et Jacques vingt-six. Jacques avait épousé, en 1868, M<sup>lle</sup> Jeanne de Chasseval ; deux enfants, Henri et Guillaume, étaient nés de ce mariage. Le père et le fils furent placés au premier bataillon des Zouaves avec M. de Cazenove comme caporal. Celui-ci était gendre du Comte par son union avec M<sup>lle</sup> de Bouillé.

paraît-il, les conserver pour la garde nationale !

•*•

La vue de cet héroïque dévouement inspira à M. Victor de Laprade une charmante poésie que nous sommes heureux de placer en partie sous les yeux de nos lecteurs; chaque strophe est un appel aux armes :

. . . . . . . . . . . . . .

Allez donc, ô géants, ô Bretagne, ô Vendée !
  Allez, saints de l'Anjou !
De sauvages impurs la France est inondée ;
  Peuple chrétien, debout!

C'est notre Dieu sanglant qui vous appelle aux armes,
  Qui vous commande ici.
Saint Louis, Jeanne d'Arc, les yeux baignés de larmes,
  Vous adjurent aussi.

Il s'agit de leur France et de son âme entière ;
  Car le Teuton vainqueur
Veut moins, dans son orgueil, rogner notre frontière
  Qu'égorger notre honneur.

Il rêve d'effacer la France de l'histoire,
  Par le fer, par le feu,
Et de faire servir son infâme victoire
  A nier notre Dieu.

Aux armes, fiers Bretons, fils de libres ancêtres,
    Qui, seuls dans l'Univers,
N'avez jamais fléchi sous Rome, et sous des maîtres
    Jamais porté des fers !


Aux armes, Vendéens, dont la race héroïque
    De paysans soldats,
Quand l'Europe tremblait devant la République,
    Seule ne tremblait pas !


Bretons et Vendéens, famille encor meurtrie
    De nos injustes coups,
Vengez-vous, ô Martyrs, en sauvant la patrie !
    Les Bleus comptent sur vous.


Invoquant tous ses fils, la France exténuée
    Les voit tous accourir ;
Que du même Etendard elle soit saluée
    Par ceux qui vont mourir !

# V

### Entrée en Campagne.

L'armée de Cathelineau se mit la première en marche ; elle avait reçu la double mission de protéger la rive gauche de la Loire, près d'Orléans, et de garder le nord et le nord-est de la forêt d'Orléans contre les attaques de l'ennemi. On sait avec quel courage et quelle énergie cette vaillante troupe sut remplir cette mission difficile ; toujours on la vit en tête des colonnes du 15$^{me}$ Corps d'armée et se présenter aux balles prussiennes la poitrine couverte de l'image du Sacré-Cœur. Elle était, il faut le dire, électrisée par la bravoure et le sang-froid de son chef. Cathelineau n'avait pour arme défensive qu'une canne ; il se contentait de commander et de diriger le feu ; constamment en tête de son armée, il devenait ainsi comme une cible vivante ; mais le sifflement des balles ou le ronflement des obus le laissaient impassible. Cette possession de lui-même lui permit de deviner les moindres mouvements et les moindres intentions de l'ennemi ; par là, il empêcha l'incendie de Beaugency dont il fut proclamé le libérateur ; il sauva le 20$^{me}$ Corps d'armée, favorisa l'évacuation d'Orléans et la retraite de Chanzy. La journée du 28 novembre aurait même été marquée d'une de nos plus belles victoires si de nouvelles troupes prussiennes n'étaient sans cesse arrivées de Pithiviers.

\*
\* \*

De son côté, le Corps des Zouaves, composé de deux bataillons, d'un escadron et d'un bataillon des Côtes-du-Nord, quitta le Mans au mois de novembre sous le commandement du Général Fiereck et rejoignit le 17^me Corps d'armée. Bientôt le 17^me Corps eut pour Commandant l'héroïque Gaston de Sonis, qui avait fait *un pacte avec la victoire ou la mort* et que l'on voyait *toujours debout, toujours partout.*

M. de Sonis n'avait alors que quarante-six ans et était père de dix enfants, dont trois étaient sous les drapeaux. A l'époque de la guerre d'Italie, il avait pris part à la campagne, et n'avait dû son salut qu'à la protection visible de la Sainte Vierge. Lors de la déclaration de guerre à la Prusse, il était en Afrique; il demanda aussitôt un commandement; mais, comme il possédait à fond la langue arabe, chose précieuse pour traiter avec les chefs, sa demande ne fut pas agréée. Enfin, sur de nouvelles instances, il fut rappelé en France et nommé Général de division, puis Commandant du 17^me Corps d'armée. Il envisageait les évènements en vrai chrétien. « Lorsque Dieu se mêle de donner des leçons, disait-il dans une lettre du 1^er novembre, au moment de quitter l'Afrique, il les donne en Maître. Rien ne manque à celle que la France reçoit en ce moment..... » Plus loin, après des considérations sur les hommes qui ont perdu la France, il ajoutait : « Pour nous, ne parlons pas; mais demandons à Dieu qu'il ne nous quitte pas et de nous faire la grâce de savoir mourir, comme un chrétien doit finir, *les armes à la main, les yeux au ciel, la poitrine en face de l'ennemi,* en criant : Vive la France ! En partant pour l'armée je me condamne à mort. Dieu me fera grâce, s'il le veut ; mais je l'aurai tous les jours dans ma poitrine, et vous savez bien que Dieu ne capitule jamais, jamais ! »

.˙.

Ce fut, pour le Colonel de Charette et pour tous ses soldats, une grande consolation d'avoir à leur tête un Général aussi distingué par sa piété et sa bravoure. Une armée qui compte de tels héros est toujours victorieuse, même dans ses défaites.

Les Zouaves n'avaient pas tardé à faire leurs preuves. Le lendemain même de leur arrivée à Tours, trois de leurs compagnies, sous la conduite de Le Gonidec, avaient été envoyées aux extrêmes avant-postes ; le 11 novembre elles avaient livré la bataille de Cercottes et déconcerté les Bavarois. Mais elles n'étaient pas munies pour une campagne, et le Général d'Aurelles dut les renvoyer à leur dépôt. Le 24 novembre, les Zouaves contribuèrent beaucoup à la victoire de Brou ; le Général de Sonis fit remarquer dans cette circonstance une prudence et une habileté qui augmentèrent encore la haute estime qu'on avait de ses talents militaires.

## VI

### Le Combat de Loigny ; Déploiement de la Bannière du Sacré-Cœur.

A quelque temps de là, le 1ᵉʳ décembre 1870, les troupes se dirigeaient vers Patay, où allait se jouer, le lendemain, la dernière partie de la France ; MM. de Sonis, de Charette et F. de Bouillé marchaient ensemble, très émus par les épreuves de la Patrie ; ils croyaient sa perte assurée si Dieu n'envoyait un secours éclatant. Le Général exprima alors le regret de ne pas voir sur son fanion un emblème religieux. « Mon Général, reprend le Colonel, je puis vous offrir ce que vous souhaitez. » Et il raconte l'histoire du Drapeau du Sacré-Cœur qui lui avait été offert.

Le Général regarde cette idée comme une inspiration du Ciel, et la Bannière du Sacré-Cœur est aussitôt adoptée comme le *labarum* et l'oriflamme des Zouaves. Seulement on décide de ne la déployer qu'au moment où elle pourrait recevoir le baptême du feu. Victorieuse ou vaincue, elle commanderait dès lors le respect et ne pourrait passer devant une armée française sans faire incliner toutes les épées.

Derrière le Général marchaient Jacques de Bouillé, de Cazenove, de Verthamon, le Commandant de Troussures et d'autres.

M. de Sonis demanda à Charette un Zouave pour porter le Drapeau. Le Colonel, s'adressant au Comte de Bouillé, lui dit : « Tu es le petit-fils de Bonchamps ; c'est à toi que revient l'honneur de porter le Drapeau. — Non, répondit celui-ci, je suis un ouvrier de la dernière heure et simple soldat ; mais voici Verthamon, un des plus anciens du Régiment et qui te demandait ce matin de consacrer le Régiment au Sacré-Cœur. »

Le Colonel prit alors de Verthamon et le présenta comme porte-étendard au Général de Sonis qui l'accepta.

MM. de Bouillé, de Cazenove, de Pontourny reçurent la mission de défendre la Bannière et de lui servir de garde d'honneur.

Par un heureux hasard, le lendemain (2 décembre 1870) était le premier vendredi du mois, jour consacré à honorer le Cœur de Jésus, et l'aumônier désigné pour célébrer la messe dans l'église de Saint-Péravy-la-Colombe était un Dominicain, le Père Doussot ; le rite de son Ordre l'obligeait à dire ce jour-là la messe du Sacré-Cœur. Il la célébra à trois heures du matin. Le Général de Sonis, le Colonel de Charette, plusieurs officiers et soldats s'approchèrent de la Sainte Table pour apprendre du Cœur de Jésus à souffrir et à s'immoler. Ils étaient dix-huit et parmi eux huit Zouaves. Tous tombèrent le soir sur le champ de bataille de Loigny : les uns morts, les autres blessés.

* * *

La bataille de Patay s'engagea de bonne heure, et, malgré la disproportion des deux armées, elle resta indécise jusqu'à quatre heures du soir. Mais alors les renforts prussiens se succédant sans relâche, on entrevit le moment où, à moins d'un effort héroïque et heureux, il faudrait songer à la retraite. Le Général comprit le danger ; il essaya de le conjurer en prenant possession du village de Loigny (1) occupé en partie par les Bavarois, mais où se trouvaient encore des Chasseurs et des Mobiles qui tenaient tête à l'ennemi. Il fallait se hâter ; la nuit approchait et, d'un moment à l'autre, les derniers défenseurs de Loigny pouvaient être anéantis.

(1) Loigny (*Lucaniacum*), situé sur les confins du pays de Chartres et d'Orléans, doit son nom à saint Lucain (*Lucanus*), martyrisé en cet endroit.

M. de Sonis ramasse aussitôt une colonne d'attaque et essaie en vain de la lancer contre le village. Il s'élance au triple galop vers le 1ᵉʳ bataillon des Zouaves, alors seul présent (1), et leur dit : « Messieurs, faites voir comment des hommes de cœur et des chrétiens savent se battre! En avant! »

Aussitôt le 1ᵉʳ bataillon des Zouaves, un bataillon des Côtes-du-Nord et la compagnie des Francs-Tireurs de Tours partirent au pas, dans un ordre merveilleux, sans tirer un seul coup de fusil, jusqu'au moment où il leur fut ordonné de faire feu et de s'élancer à la baïonnette dans le bois de Loigny. Une compagnie de Francs-Tireurs de Blidah vint se joindre à eux au moment de la charge. H. de Verthamon était en tête, portant le Drapeau du Sacré-Cœur.

\* \* \*

L'entreprise était rude. De l'endroit où étaient les Zouaves, jusqu'à Loigny, s'étend d'abord, sur un espace de 1,500 mètres, une plaine nue mais un peu ondulée comme tout le pays ; au-delà de cette plaine, un petit bois d'acacias, nommé depuis

(1) Le 2ᵐᵉ bataillon était à Gommiers.

*le bois des Zouaves*, long de deux à trois cents mètres et profond de vingt à trente ; à droite, le chemin de Flaverolles à Loigny, et sur le chemin une grosse ferme appelée Villours. Au-delà du bois, le terrain s'élève par une pente douce sur un parcours de deux cents mètres à peu près. De ce côté Loigny, avec ses maisons bien bâties et entourées de jardins, présente une véritable position défensive. Les Allemands occupaient une partie des habitations et tous les abords. Quelques Chasseurs et Mobiles étaient retranchés dans le cimetière, au centre du village. De plus, deux forts bataillons prussiens, cachés dans la ferme de Villours et dans le petit bois, pouvaient diriger sûrement leurs coups sans être atteints eux-mêmes.

Malgré ces difficultés, les Zouaves n'hésitent pas un instant. Soutenus par les Mobiles et les Francs-Tireurs qui les avaient suivis ils s'avancent hardiment sous la protection du Sacré-Cœur : ils étaient huit cents environ. L'ennemi, voyant approcher cette ligne de tirailleurs, la prend pour une avant-garde. Aussitôt une pluie d'obus et de balles éclate autour des Zouaves, mais ne touche que peu de monde. Plusieurs veulent saluer les projectiles par une inclination de tête. Mais ce salut déplaît au Colonel ; il se retourne vers les siens et leur crie avec force : « Je défends de saluer l'ennemi : un Zouave n'incline la tête que devant le Pape et le Roi ! » Tous obéissent et continuent d'avancer au pas, alignés et calmes comme de vieux soldats. Longtemps ils marchent ainsi sous le feu de l'artillerie prussienne ; mais, quand ils arrivent près du bois, une terrible fusillade les accueille.

« Merci de nous mener à pareille fête ! » s'écrie M. de Troussures en se tournant vers le Général de Sonis. « Au même instant, dit le P. Didierjean, une balle le renverse de cheval. Quarante hommes tombent autour de lui, parmi lesquels MM. de Verthamon, de Pontourny, de Richemond, Armand du Bourg. M. de Traversay, le voisin de gauche de M. de Verthamon, s'élance pour relever le fanion du Sacré-Cœur, lorsqu'une balle l'atteint et le renverse; Jacques de Bouillé, le voisin de droite, saisit alors la glorieuse Bannière qui, dans ses mains, domine une fois encore le champ de bataille; il la brandit au-dessus de sa tête, et pousse un formidable cri : « Hourra ! « En avant ! » qui rallie les Zouaves encore debout. Ils se précipitent à sa suite et bondissent en avant sur l'ennemi. »

L'attaque fut irrésistible. Beaucoup de Prussiens, épouvantés, se jetèrent par terre et livrèrent leurs armes. Les autres se défendirent ; on se battit corps à corps et il y eut un affreux carnage. En quelques instants les Mobiles enlevèrent la ferme de Villours et tout céda au torrent. L'ennemi fuyait vers le village ; les Zouaves triomphants le poursuivaient à outrance. C'est alors qu'il eût fallu les soutenir ; mais personne ne vint, et ils allèrent seuls se heurter contre les murs des jardins et contre les maisons qui regorgeaient de Prussiens. Combien n'arrivèrent pas jusque-là ! M. de Sonis avait le genou gauche brisé en vingt-cinq morceaux ; son chef d'état-major, le Colonel Henri de Bouillé, était blessé grièvement à la jambe, Fernand de Bouillé avait la poitrine traversée de part en part par une balle, et de Cazenove un bras fracassé. N'ayant pas les noms de toutes les victimes, nous ne continuons pas cette énumération ; il faudrait nommer tous ces braves ou ne nommer personne, car tous ont fait leur devoir. Le Colonel, dont le cheval était tombé percé de coups, conduisit à pied la charge jusqu'au village, où il fut lui-même blessé.

Les Zouaves emportèrent facilement les premières maisons ; quelques-uns d'entre eux s'y retranchèrent. Mais les Prussiens, à la vue du petit nombre de ces braves, reprirent bientôt courage et les forcèrent à battre en retraite.

## VII

### La Retraite.
### Une nuit sur le champ de bataille.

Cette retraite fut digne de l'attaque. Ecrasés par le nombre, servant de but aux boulets, aux obus et aux balles, les Zouaves pontificaux se retirèrent lentement, avec le sang-froid des troupes les mieux aguerries, disputant le terrain pas à pas.

C'est au retour, à quelques pas de Loigny, que Jacques de Bouillé reçut une première balle à l'épaule. « A moi, s'écria-t-il ; je suis blessé ! » Un groupe de Zouaves se précipita vers le fanion. Jacques tomba, se releva, puis retomba une dernière fois, frappé de plusieurs balles au front et au cœur. Son dernier mot fut : « Sauvez le Drapeau ! » Après lui nul ne put relever la Bannière du Sacré-Cœur ; car les Prussiens la prenaient pour point de mire, et tous ceux qui l'approchaient étaient mortellement atteints. C'est en se couchant par terre et en se faisant un bouclier des corps de ses camarades morts, que le sergent Le Parmentier put la ramasser ;

il l'enroula autour de son bras et la rapporta, teinte du sang de ses héroïques porteurs, au milieu des débris du bataillon.

Du village jusqu'au petit bois, le sol fut couvert de blessés et de morts. La nuit seule put mettre un terme au combat. Les Prussiens osèrent à peine poursuivre nos Zouaves au-delà des acacias. Le Colonel de Charette, épuisé par sa blessure, était allé s'asseoir sur le bord d'un fossé. A peu de distance, gisaient son frère, Ferdinand, et plusieurs autres blessés comme lui. Quelques Zouaves entourant leur chef avaient essayé de l'emporter. Il s'y était opposé : « Non, mes amis, leur avait-il dit, non ; à quoi bon vous faire tuer ? Je suis bien ici : pour vous, allez encore vous battre pour la France !....... » Il y avait dans ces paroles un ton d'autorité tel que personne n'avait osé résister.

*
* *

Ces malheureux débris se retirèrent lentement vers Patay, emmenant autant de blessés qu'ils le pouvaient.

Le 2$^{me}$ bataillon, en arrivant le soir de Gommiers, rejoignit ces braves. Mais quel deuil et que de larmes, lorsqu'ils virent la place vide de tant d'amis et de frères ! On fit l'appel ; hélas ! il manquait deux cent dix-huit soldats sur les trois cents partis le matin. Les Mobiles des Côtes-du-Nord avaient perdu plus de deux cent cinquante hommes, et les Francs-Tireurs une soixantaine.

Des quelques Zouaves entrés à Loigny, les uns réussirent à s'échapper pendant la nuit, les autres furent massacrés, et l'on vit l'un d'eux, après avoir tiré toutes ses cartouches, se jeter à genoux pour recevoir le coup de la mort. M. de Montalembert, neveu de l'illustre orateur, se trouva un instant enveloppé par une vingtaine de soldats prussiens ; avec l'indomptable vaillance de sa race, il ne compte pas le nombre, et, l'épée à la main, il parvient à se dégager et à regagner les lignes françaises, un peu meurtri, l'uniforme en lambeaux, mais sain et sauf.

.*.

Les Prussiens, qui comptaient quatre ou cinq mille hommes hors de combat, ne purent guère prendre soin de nos blessés : ils songèrent plutôt à les dépouiller. C'est à peine s'ils leur laissèrent quelques habits pour les préserver du froid. Ils poussèrent même la cruauté jusqu'à en massacrer quelques-uns. M. de Troussures fut du nombre des victimes. M. de Sonis, qui nous fournit ce détail, ne dut lui-même son salut qu'au Sacré-Cœur. Ecoutons le récit qu'il nous en a fait : « La nuit était venue, dit-il; avec elle vinrent les Prussiens. Je vis d'abord briller dans le lointain les énormes lanternes rouges sphériques qui leur aidaient à rechercher les blessés. Devant les chariots destinés à les emporter s'avançaient des soldats, assez espacés l'un de l'autre, qui marchaient en demi-cercle, comme des rabatteurs en chasse. Celui qui était le plus éloigné de moi s'arrêta près d'un blessé. C'était M. de Troussures, lieutenant-colonel des Zouaves pontificaux. Je vis le misérable Prussien lever sa crosse deux fois, et elle s'abattit. On reconnut, le lendemain, en visitant son corps, avant de l'enterrer, que M. de Troussures était mort ainsi assommé; car il n'avait, avec ces deux coups de crosse sur la tête, qu'une blessure à la jambe, comme moi. Mon tour allait venir. Je fis un acte de contrition et j'offris un vœu au Sacré-Cœur (1), si j'en réchappais....... L'homme dont je gênais la marche, et qui devait passer sur mon corps, s'arrêta, me prit la main, et la serrant avec une expres-

(1) Le Général fit vœu de passer désormais la nuit du 2 décembre devant le Saint-Sacrement. Jusqu'à son dernier soupir il a été fidèle à son engagement. C'est dans une chapelle des Pères Jésuites qu'il aimait de préférence à passer cette nuit d'adoration.

sion indéfinissable de bonté, me dit : « *Camarade* ». C'était sans doute le seul mot de français qu'il sût ; mais il révélait tout son cœur ! Se penchant sur moi, ce généreux soldat inclina sa gourde et versa dans ma bouche quelques gouttes d'eau-de-vie. J'étais à jeun depuis vingt-quatre heures. »

*.*

Nous devons ajouter à la gloire de nos ennemis que plusieurs de nos blessés furent, dès le soir, enlevés du champ de bataille et déposés dans la ferme de Villours. Parmi eux se trouvaient le Colonel de Charette et le capitaine de Ferron. Ils furent ensuite transportés dans une autre maison, entassés pêle-mêle avec les Prussiens, plus de trois cents dans trois appartements, et abandonnés jusqu'au matin sans aucun secours.

La plupart des blessés restèrent sur le champ de bataille. Ils étaient là, gisant au milieu des morts, sous la neige qui tomba toute la nuit. Que cette nuit fut triste ! « En la voyant étendre ses premiers voiles sur ce sombre plateau et le couvrir de son manteau de glace, ah ! bienheureux, se dit-on, ceux qui déjà sont morts dans le Seigneur et qui se reposent de leurs fatigues !

Etre tombé sous les plis de la Bannière du Cœur de Jésus, c'est avoir acquis le privilège du disciple bien-aimé. Ayant célébré avec Jésus la dernière cène, les voyez-vous qui reposent leur tête sur le Cœur du divin Maître ?... Mais que dire de ceux qui, là-bas, à ciel ouvert, souffrent les horribles douleurs de l'agonie, ou bien, avec toute la plénitude de leur intelligence, voient à pas lents venir la mort, parce qu'ils ne voient pas venir et qu'ils ne peuvent espérer de secours (1)? »

Le silence se fit rapidement autour d'eux, silence troublé par le cri des mourants appelant en vain au secours. « Docteur, docteur, l'ambulance ! » — « Hélas ! dit M. de Sonis qui nous a laissé ces détails, il n'y avait dans ce champ de mort ni docteur, ni ambulance ! »

Vers neuf heures quelques blessés entendirent un cri prolongé « semblable à celui que l'on entend sur la mer, lorsque l'on veut hêler un bâtiment (2) ». Ils eurent la ferme persuasion qu'un ami charitable venait à leur secours. Malheureusement la voix s'éloigna et ils perdirent ainsi tout espoir de salut.

Leur âme fut alors plongée dans une tristesse profonde ; mais bientôt elle retrouva la paix et le courage à la pensée de Jésus en Croix, du Sacré-

---

(1) Mgr Pie. — (2) M. de Sonis.

Cœur et de Marie : « Cette nuit si longue et si noire, écrivait en janvier 1871 le Général de Sonis, je l'ai passée dans la tranquillité la plus douce, ayant remis mon âme entre les mains du Créateur, lui offrant ma vie pour la patrie si malheureuse. J'avais eu le matin, à trois heures, le bonheur de communier en compagnie de mes chers Zouaves. Je sentais que Dieu ne m'avait pas quitté.

« Je me suis couvert aussi de la protection de Marie Immaculée.

« ... Avant la guerre j'avais fait un pèlerinage à la grotte miraculeuse de Lourdes, et j'en avais emporté les plus vives et les plus salutaires impressions. Depuis ce moment je voyais la sainte Vierge sous l'aspect de Notre-Dame de Lourdes, et je puis dire que cette douce image me fut toujours présente pendant tout le temps que je restai sur ce coin de terre, où j'ai attendu la mort pendant de longues heures. »

\*
\* \*

Ces sentiments de M. de Sonis étaient partagés par ceux qui étaient tombés avec lui sur le champ de bataille. Deux d'entre eux avaient pu, dès les premières heures de la nuit, se traîner jusqu'à lui pour recueillir de sa bouche quelques paroles de résignation. C'étaient de jeunes Zouaves, fervents chrétiens ; le Général leur parla avec toute la liberté que donne la foi. « Nous étions, dit-il, sur le seuil de ces espérances éternelles qui forment comme le prix du grand combat qu'on appelle la vie, seuil sur lequel l'Eglise a placé Marie, afin d'inspirer une plus douce confiance à ceux qui doivent l'aborder. La Vierge Immaculée fut donc l'objet de notre conversation. »

Un troisième se joignit à eux ; mais il expira bientôt, la tête appuyée sur l'épaule du Général, qui s'oubliait lui-même pour ne penser qu'aux autres (1).

En voyant de tels faits ne se croirait-on pas encore aux premiers âges de l'Eglise, où les Confesseurs de la foi, après avoir lutté le jour dans l'arène, se consolaient la nuit de leurs souffrances en s'entretenant des joies célestes ? Ah ! c'est que la foi vit toujours dans les cœurs et toujours elle y produit les mêmes merveilles :

---

(1) Ils parlèrent aussi du Sacré-Cœur : M. de Sonis lui devait son salut. Il en avait consigné le souvenir dans une lettre touchante écrite à sa sœur, Carmélite. Malheureusement cette lettre a eu le sort de beaucoup d'autres. M. de Sonis, après la mort de sa sœur, les a réclamées et jetées au feu. Il a voulu sans doute obéir à un principe chrétien « qui, selon sa belle expression, commande de garder le secret des choses qui nous concernent trop. »

elle brille dans l'épreuve comme l'or dans le creuset.

⁂

Cet état du Général fut révélé à l'heure même à une de ses sœurs, dans la pauvre cellule du Carmel de Coutances. Elle fut subitement éveillée par une voix mystérieuse : « Un des tiens est en souffrance ; lève-toi et prie ! » L'humble religieuse, croyant à une illusion, chercha à se rendormir. Un second appel de la voix se fit entendre ; la Carmélite y répondit par une nouvelle hésitation. Enfin, sollicitée une troisième fois, elle se leva et alla exposer le fait à sa digne Prieure, qui lui permit de rester en prière jusqu'au lever de la communauté.

# VIII

### Les Blessés à l'ambulance.
### Les Morts.

Dès que le jour parut, Charette demanda des secours à un colonel prussien pour lui et ses compagnons d'armes. Ce colonel en promit et tint parole : il fit porter les blessés à l'ambulance française établie dans le presbytère et l'église de Loigny. Le Général de Sonis venait d'y arriver ; il avait pris, pendant la nuit, une fluxion de poitrine. On mit avec lui le baron de Charette (1).

La gravité de la blessure de M. de Sonis nécessita l'amputation de la jambe. Pendant que le chrétien arrachait aux assistants des larmes d'admiration, en bénissant Dieu de l'avoir associé aux souffrances du Calvaire, le soldat se retrouvait tout entier avec sa mâle énergie pour dire ce mot sublime : « Coupez ma cuisse, si cela est nécessaire ; mais laissez-en juste ce qu'il faut pour que je puisse remonter à cheval et servir mon pays. »

Dieu reçut le sacrifice et exauça le vœu : le dévouement non moins que l'habileté du docteur Baumetz allait encore conserver à la France,

---

(1) Six jours après, au moment de l'évacuation des blessés, ces deux amis parlaient de ces premiers jours passés à Loigny. Le Général dit au Colonel : « Le tourment le plus vif que j'aie éprouvé m'a été occasionné par vos cigares : l'odeur du tabac a doublé mon supplice. » — « Que ne l'avez-vous dit ? s'écria M. de Charette ; je me serais abstenu de fumer ! » — « Je m'en suis bien gardé, » répondit M. de Sonis ; « vous aviez l'air de prendre tant de plaisir à vos cigares que je n'ai pas osé ouvrir la bouche. Mais, une autre fois, je serai de moins bonne composition. »

pendant plusieurs années, un vaillant soldat et un habile Général (1).

.*.

On se figure aisément les souffrances de tous les prisonniers. Sans doute, les habitants, excités par les paroles et les exemples de leur curé, M. l'abbé Theuré (2), et du docteur Baumetz, firent leur possible pour procurer aux blessés un soulagement à leurs douleurs. Mais eux-mêmes étaient réduits à la dernière misère ; ils manquaient de pain, d'eau et de médicaments. Enfin les secours arrivèrent ; on pansa les plaies ; on dirigea les blessés en état de voyager vers les villes et villages du voisinage. Soixante environ furent recueillis par M$^{me}$ la Marquise de Gouvion-Saint-Cyr, dans son château de Reverseaux.

Une religieuse de la Présentation de Tours

---

(1) Depuis cette époque, M. de Sonis a rendu sa belle âme à Dieu, le 15 août 1887, fête de l'Assomption de la Bienheureuse Vierge Marie. Sa dépouille mortelle a été transportée à Loigny ; elle y repose sous l'égide du Sacré-Cœur, au milieu de tant de compagnons d'armes qui lui forment une garde d'honneur jusqu'au sein de la mort.

(2) « Je ne louerai pas le dévouement de ce vénérable curé, a dit Mgr Freppel, parce qu'il n'appartient qu'à Dieu de réserver aux hommes des récompenses aussi grandes que leurs œuvres. »

(Mlle de Saint-Guilhem), sœur Saint-Henri, reconnut parmi les blessés M. Armand du Bourg, son cousin, et M. de Verthamon. Elle les fit transporter à l'ambulance de Janville. Dieu permit cette rencontre inattendue pour ménager aux deux mourants la douce joie d'entendre une voix amie, et aux parents la consolation de savoir que leurs enfants avaient reçu les soins d'une vraie mère et que leurs derniers moments avaient été adoucis par la présence d'une religieuse et d'une parente. Leur mort, semblable à celle des Martyrs, fut sainte et précieuse devant Dieu. M. de Verthamon mourut le 7 décembre, et M. Armand du Bourg le lendemain, 8, jour de l'Immaculée-Conception.

La sœur Saint-Henri voulut annoncer elle-même aux deux familles cette fin si chrétienne.

Voici la lettre qu'elle écrivit à Mme la marquise de Verthamon mère :

« Janville (Eure-et-Loir), le 7 décembre 1870.

« Madame,

« Monsieur votre fils a désiré hier qu'on vous
« écrivît en son nom. C'étaient, hélas ! ses
« adieux... Car il vient d'entrer aujourd'hui dans
« son éternité avec une joie et un bonheur qu'on
« rencontre rarement.

« Il a communié ce matin et a conservé sa
« connaissance jusqu'au dernier moment. — Nous
« avons assisté à la mort d'un saint.

« Que vous devez être heureuse dans votre
« malheur, Madame, d'avoir un pareil fils !

« Il nous a édifiées et pénétrées jusqu'au fond de
« l'âme. C'est un protecteur que vous avez dans le
« ciel.

« J'ai tout arrangé afin que la famille puisse, aus-
« sitôt la paix rendue, prendre ce précieux dépôt.

« Votre fils va être déposé dans un caveau, où
« il sera bientôt suivi par un autre Zouave, un de
« mes cousins, Armand du Bourg.

« Ils étaient à côté l'un de l'autre, sur le champ
« de bataille. Je les ai ramenés ensemble de ce
« théâtre affreux de la guerre, et ils vont se suivre
« dans le ciel ; j'en ai l'âme navrée mais édifiée.

« Votre fils a été entièrement dévalisé ; mais
« soyez tranquille, je vais lui faire rendre les
« honneurs qu'il mérite.

« Je suis pressée, Madame ; j'espère faire partir
« cette lettre par une occasion ; car nous sommes
« bloqués de tous côtés.

« Je vous écrirai dès que je le pourrai. M de
« Charette est resté à Loigny auprès du Général
« de Sonis, qui a été amputé.

« Je viens de leur envoyer des vivres.

« Votre très-humble servante.

« Sœur Saint-Henri. »

M. le Comte de Bouillé avait pu, au milieu de la nuit, se traîner jusqu'à Terminiers ; il y fut rejoint le lendemain par M. de Pontourny, comme lui garde d'honneur du fanion. C'est alors qu'il lui dit ces belles paroles : « Mon enfant, hier vous vous êtes conduit en brave. Je vous ai remarqué : vous avez abordé l'ennemi sans sourciller ; vous pouvez être fier de vous (1). » De là il fut transporté à Orléans chez M. du Roscoat. « Il y vécut trois semaines encore, donnant d'incomparables exemples de patience et de résignation. Toujours doux, toujours d'un cœur et d'un esprit parfaits, il remerciait constamment M$^{lle}$ de la Mathelière, MM. du Roscoat et des Francs, ses charitables hôtes et ses admirables infirmiers. » Il rendit sa belle âme à Dieu le 25 décembre, sans revoir une dernière fois son épouse et ses enfants, sans même avoir de nouvelles de son fils Jacques. M. de Cazenove était lui-même à Orléans ; mais son état ne lui permit pas d'aller recevoir le suprême adieu de son beau-père.

On se rappelle que Jacques de Bouillé était mort sur le champ de bataille. La famille n'apprit ce double deuil qu'au mois de janvier. Elle reçut de tous côtés les plus éclatants témoignages de

(1) M. de Pontourny, transporté cinq jours après à Voves, y mourut en prédestiné le 2 février 1871, entre les bras de sa pieuse mère.

sympathie. M. de Charette écrivit à Mme la Comtesse :

« MADAME,

« Que puis-je faire dans un si affreux malheur, « sinon pleurer avec vous ? Pauvre cher Fer- « nand ! J'ai appris sa blessure et sa mort le « même jour !

« Je croyais Jacques en sûreté près de vous. « Morts tous les deux ! Mais morts au champ « d'honneur, comme de vrais gentilshommes, en « dignes fils de Bonchamps, le héros vendéen.

« ... Le fils a été digne du père ; bon sang « ne peut mentir. Pleurons, Madame, vous un « époux et un fils, moi un ami, et adorons la « Providence. »

De son côté, M. le Comte de Chambord fit parvenir ces lignes à la mère de M. Fernand : « Quelle douleur pour votre cœur de mère ! quelle affliction pour votre belle-fille et pour vos deux petites filles ! Quant à moi, justement fier de l'admirable conduite de ces trois braves volontaires de l'Ouest, qui, à la voix et à l'exemple de Charette, sont tombés sur le champ de bataille, je pleure avec vous cet ami pour lequel vous connaissez ma sincère gratitude et mon bien vif attachement. » Plus tard il écrivait à M. de Cazenove : « Le père et le fils ont succombé tous les deux héroïquement ; ils reçoivent maintenant la récompense de leurs admirables sentiments et de leur glorieuse fin. »

Une consolation a manqué à M$^{me}$ Jacques de Bouillé : malgré les recherches les plus actives elle n'a pu retrouver le corps de son époux. « Si Dieu lui a laissé la lugubre incertitude du lieu où reposent les restes de celui qu'elle aimait, c'est sans doute pour que, levant les yeux au ciel, elle le cherche uniquement dans le Cœur de Jésus (1). »

\*.\*

Le Colonel n'oublia pas les morts. Il donna des ordres pour les faire enlever du champ de bataille et inhumer dans le cimetière de Loigny. Mais auparavant il voulut les revoir une dernière fois : il se traîna donc jusqu'auprès de ces cadavres. S'il y a dans la mort une poésie, c'est l'empreinte qu'elle laisse sur le visage d'un homme vaillant, qu'elle soit venue le surprendre

---

(1) En 1873, M$^{me}$ Jacques de Bouillé et M$^{me}$ Henri de Verthamon ont acquis le bois Bourgeon. Elles y ont fait élever, à la mémoire des leurs et de tous les braves frappés à Loigny, un superbe monument surmonté d'une statue du Sacré-Cœur. Les passants qui suivent la route longeant le bois aiment à se découvrir à la vue de cette statue.

dans l'enivrement de la victoire ou dans la résignation du sacrifice ; ainsi en était-il pour ces héros gisant là côte à côte. Leur figure était rayonnante, et, sous l'aspect rigide de la mort, on sentait pour ainsi dire leurs âmes palpiter encore. Le Colonel donna à tous le baiser d'adieu ; il fit couper leurs cheveux, retirer leurs médailles et scapulaires pour les envoyer à leurs familles, et puis leurs cadavres furent déposés dans le sein de la terre. Inutile de dire que cette séparation arracha bien des larmes au Colonel de Charette. C'étaient ses meilleurs amis qu'il venait de perdre (1) !

Quelques semaines plus tard, Charette se trouva assez fort pour essayer de s'enfuir en traversant les lignes prussiennes. Après une succession d'alertes continuelles, il arriva libre à Vierzon. Ses amis ne pouvaient le reconnaître : il avait, en effet, coupé sa barbe et revêtu les habits

---

(1) L'ancienne église de Loigny, à moitié détruite, a été remplacée par une autre dont l'ornementation ne laisse rien à désirer. L'une des chapelles est spécialement dédiée au Sacré-Cœur. C'est sous les dalles de cette chapelle que reposent les ossements des victimes tombées sur le champ de bataille de Loigny, le 2 décembre 1870. Il fallait bien que le Cœur de Jésus couvrît de son amour ceux qui sont morts sous son regard. Désormais, quand on voudra chercher les leçons les plus sublimes du patriotisme, on viendra se recueillir à Loigny, auprès de ces tombes, mémorial insigne de la bravoure française et de la piété chrétienne.

d'un prêtre ; et ces habits, trop grands pour lui, flottaient avec une certaine désinvolture autour de sa personne. De Vierzon il se rendit à Bourges, puis à Poitiers, où se trouvaient ses frères **d'armes.**

## IX

### Fin de la guerre.

Les malheureux débris de *la Légion des Volontaires de l'Ouest* n'avaient pas perdu courage après le désastre de Loigny ; ils combattirent encore souvent ; jusqu'à la fin de cette guerre meurtrière ils se montrèrent constamment dignes d'eux-mêmes. Le nouveau Chef qui leur avait été donné, M. d'Albiousse, était un valeureux chrétien, bien digne de commander une si courageuse Légion. On pourra en juger par l'ordre du jour qu'il adressa aux Zouaves, lors de sa promotion :

« Officiers, Sous-Officiers et Soldats,

« Appelé, pendant l'absence du Colonel de Cha-
« rette, au commandement de la Légion, j'éprouve
« le besoin de me rapprocher de vous pour ne
« pas être écrasé sous le poids de l'honneur qui
« m'est fait et de la responsabilité qui m'incombe.

« La crise que traverse la Légion est terrible ;
« mais, quelque désastreuse que soit la situation
« qui nous est faite par l'éloignement de notre
« illustre chef et la perte de tant de braves
« camarades tombés sur les collines de Patay,
« nous ne devons pas nous décourager.

« La guerre que nous subissons est une guerre
« d'expiation, et Dieu a déjà choisi, parmi nous,
« les victimes les plus nobles et les plus pures.
« Elevons donc nos cœurs à la hauteur de la
« mission qui nous est confiée, et soyons prêts à
« tous les sacrifices. Retrempons notre courage
« dans nos convictions religieuses et plaçons
« notre espoir dans la divine Sagesse dont les
« secrets sont impénétrables, mais qui nous fait
« une loi de l'espérance.

« C'est par un acte de foi que la France est
« née sur le champ de bataille de Tolbiac, c'est
« par un acte de foi qu'elle sera sauvée ; et, tant
« qu'il y aura dans notre beau pays *un Christ et*
« *une épée*, nous avons le droit d'espérer.

« Quoi qu'il arrive, *avec l'aide de Dieu et pour*
« *la patrie*, restons ici ce que nous étions à
« Rome : les dignes fils de la Fille aînée de
« l'Eglise.

« *Le Commandant de la Légion,*
« D'ALBIOUSSE. »

.•.

Le premier soin de ce nouveau chef fut de faire un appel aux amis restés dans leurs familles. L'appel fut entendu. On vit accourir à Poitiers, centre du dépôt, des jeunes gens, des hommes mariés non soumis à la loi militaire. Parmi eux nous remarquons MM. Henri de Bouillé, neveu du Général de ce nom, et Antoine du Bourg, frère d'Armand et de Joseph. Antoine du Bourg, quoique marié, père de famille et affranchi de toute obligation militaire, avait voulu reprendre l'épaulette et rentrer dans la Légion qu'il avait quittée depuis quatre ans. On éprouve une bien douce consolation à la vue d'une pareille générosité. Ah ! redisons-le en présence de l'égoïsme actuel, ce n'était pas l'intérêt qui poussait ces hommes à prendre rang parmi les Zouaves ; c'était l'amour de leur pays et le besoin de se sacrifier.

A cette époque, un des Zouaves, M. Henri de Montbel, reçut du Général Carroll Tévis la proposition de le prendre près de lui comme son officier d'ordonnance. C'était là une marque d'estime bien honorable. Mais Henri préféra rester avec les siens au moment du danger ; sur ses instances, il obtint même du Commandant d'Albiousse de faire partie du premier bataillon décimé à Patay. Lui-même nous a donné tous ces détails, dans une lettre qu'il écrivit de Poitiers à sa sœur, le 16 décembre. Elle mérite d'être citée ; car elle nous fait voir comment les Zouaves comprenaient le dévouement et en trouvaient le principe dans la pratique religieuse.

« Poitiers, vendredi, à minuit, 16 décembre 1870.

« Ma chère Marie,

« Enfin, j'ai réussi, et me voici satisfait. Je pars
« demain matin. J'ai définitivement quitté le
« dépôt, et, sur mes instances, M. d'Albiousse, qui
« commande le Régiment depuis la perte du Colo-
« nel de Charette, a bien voulu me placer dans le
« premier bataillon qui a été si cruellement dé-
« cimé. Je suis lieutenant à la 4ᵉ compagnie. Joseph
« du Bourg se trouve à la 4ᵉ du deuxième bataillon,
« qui est actuellement commandée par Gaston de
« Villèle. Nous voilà donc séparés au début de
« cette campagne, puisque ce second bataillon ne
« bouge pas de Poitiers. Nous allons rejoindre le
« Corps d'Armée du général Chanzy, du côté de
« Blois, par conséquent au poste d'honneur de
« l'Armée de la Loire. Je ferai mon devoir, je
« l'espère, avec la grâce de Dieu. J'ai communié
« le 8 décembre, jour de la fête de la Vierge. Je
« suis prêt, je crois, à paraître devant Dieu. Si
« mon sang peut aider à sauver ma malheureuse
« patrie, je l'offre tout entier pour son salut.
« Adieu donc, ma bien chère sœur, et au revoir
« dans un monde meilleur ! Embrasse bien pour

« moi Joseph, et recommande-moi aux bonnes
« prières de ta sainte sœur, M<sup>lle</sup> de Voisins.

« Ton frère tout à toi,

« Henri de Montbel.

« *P. S.* — Un Général Américain, que j'ai beau-
« coup connu à Rome, vient de m'offrir de servir
« auprès de lui comme son officier d'ordonnance :
« j'ai carrément refusé, ne voulant pas quitter,
« au moment du danger, mes braves camarades.
« Comme la lettre du Général est excessivement
« flatteuse pour moi, je te l'envoie, heureux
« d'avance du plaisir que tu pourras éprouver.
« Le Général Carroll Tévis est un excellent
« catholique, camérier du Saint-Père. Dans d'au-
« tres circonstances j'aurais accepté une offre
« aussi aimable, qui me présentait en perspec-
« tive une brillante carrière.

« Encore adieu !

« Voici la lettre que j'ai reçue du Général Carroll
« Tévis :

« Bordeaux (Hôtel Marin), ce 14 décembre.

« Mon cher Ami,

« Je suis fâché de ne vous avoir pas vu à Poi-
« tiers avant-hier. Je viens d'être nommé à une
« brigade de l'armée de Lyon. Voulez-vous être
« mon officier d'ordonnance, si je puis obtenir
« votre nomination ? Je voudrais avoir quelqu'un

« de brave et dévoué à la France, et je vous con-
« nais.

« Réponse, s'il vous plaît, de suite, à l'adresse
« ci-dessus.

« Je vous serre la main.

« Carroll Tévis.

« Henri de Montbel. »

.˙.

Les nouvelles recrues se montrèrent à la hauteur de leurs frères aînés ; toujours les Zouaves étaient placés au poste d'honneur ; ils ne craignaient rien, avec l'image du Sacré-Cœur sous leur uniforme.

Le courage des Zouaves ne put pas, sans doute, rendre la France victorieuse, mais il permit au Général de Chanzy d'opérer une heureuse retraite. Leurs prodiges de valeur à Loigny se reproduisirent à Ivré-l'Evêque et au Mans, les 10 et 11 janvier 1871. Mais, là encore, ce fut au prix du sang le plus pur de notre Patrie. Le Colonel étant absent, le Drapeau du Sacré-Cœur ne fut pas arboré dans ces combats.

.˙.

Le 11 janvier, il s'agissait de reprendre le plateau d'Anvours, occupé par l'ennemi. Le Général Gougeard venait d'ordonner à ses régiments de commencer l'attaque ; la plupart des soldats, au lieu de marcher en avant, avaient pris la fuite. Furieux de cette déroute, le Général s'adresse alors aux Zouaves conduits par le Commandant de Montcuit, et leur dit : « En avant pour Dieu et la Patrie ! » Aussitôt les Zouaves s'élancent à la baïonnette vers les Prussiens, aux applaudissements du Général, qui s'écrie :

« Les Zouaves pontificaux sont de vrais Français ! »

Ils continuent leur marche en avant, malgré les balles de l'ennemi. En les voyant arriver, un Commandant de Chasseurs à pied accourt auprès du Capitaine de Bellevue et, s'adressant à lui et au caporal Jammes, il leur dit à plusieurs reprises : « Messieurs, constatez que je suis seul ici ! » Ce brave Commandant était exaspéré ; placé d'abord en troisième ligne avec ses hommes en tirailleurs, il se trouvait déjà seul avec son héroïque bataillon ; les deux premières lignes avaient lâché pied et les vaillants Chasseurs soutenaient seuls le feu ennemi. La douleur du Commandant était facile à comprendre, et sa joie fut grande lorsqu'il vit venir à son aide des hommes qui avaient conservé l'antique valeur française. « Vivent les Chasseurs ! vivent les Zouaves ! » s'écrièrent-ils tous ensemble.

L'attaque devint alors très-vive : pendant plus d'une heure on se battit corps à corps. Les Allemands étaient cachés dans un taillis, d'où ils fusillaient à bout portant les volontaires qui se jetaient sur eux à la baïonnette.

L'avantage resta à nos troupes. Là tombèrent bien des Zouaves, entr'autres les Capitaines Maurice du Bourg, Belon, de Bellevue et les lieutenants Garnier et Benoît. Au moment où ce dernier fut atteint, ses amis de Becdelièvre et Jammes se trouvaient près de lui. Ils s'arrêtèrent pour voir ce qui lui était arrivé : en se relevant, de Becdelièvre reçut à la mâchoire inférieure une balle qui lui brisa les dents de devant et lui coupa une partie de la langue.

Les pertes étaient grandes ; mais le plateau était reconquis ; nos troupes gardèrent la position toute la nuit. On put, dès le soir même, transporter tous les blessés au Mans. Jammes voulut lui-même ramener son compagnon de Becdelièvre ; celui-ci ne pouvait parler : il se contentait, de temps à autre, de serrer affectueusement la main de cet ami dévoué ; il essayait même, comme il pouvait, de fredonner quelques airs pour faire croire qu'il ne souffrait pas.

Jammes rapporta à Charette l'épée du Capitaine de Bellevue.

En voyant un tel héroïsme, faut-il s'étonner qu'après la bataille le Général Gougeard ait déclaré « que les Zouaves Pontificaux étaient *les premiers soldats du monde ?* »

## X

### La Consécration des Zouaves au Sacré-Cœur.

On connaît la fin de cette funeste guerre et les conditions humiliantes auxquelles il fallut signer la paix.

Lorsque le calme fut rétabli, M. de Charette prévit bien que sa Légion serait licenciée (1). Avant de se séparer, les Zouaves voulurent, en prenant congé de leur Drapeau, lui faire une suprême ovation. Ils désiraient aussi accomplir un acte dont les derniers évènements leur avaient suggéré la pensée. Ils se réunirent donc à Rennes le jour de la Pentecôte, 28 mai 1871, dans la chapelle du Grand Séminaire. C'était peu de jours après que la Chambre des Députés eut voté des prières

(1) M. de Charette, nommé Général de Brigade, partit de Poitiers, le 14 janvier, avec son deuxième bataillon remis au complet, et arriva à Rennes. Il obtint du Ministre de la Guerre la réunion de toute sa Légion. Dès le 27 janvier, ses trois bataillons étaient réunis autour de lui.

publiques, sur la proposition d'un Zouave député, M. de Cazenove de Pradines, glorieux mutilé de Patay.

Voici le tableau de cette fête, tel qu'il nous est décrit par un de ceux qui en ont été les héros (1).

Le Saint-Sacrement était exposé ; à droite de l'autel, un Officier portait le Drapeau de Patay, troué par les balles prussiennes et teint du sang des Verthamon et des Bouillé ; au milieu du chœur, notre brave Général de Charette, en grand uniforme, la poitrine couverte de décorations ; autour de lui, ses Officiers ; derrière lui, pieusement agenouillés sur les dalles, quinze cents Zouaves, vêtus de cet uniforme sévère, de couleur grise, déjà illustré sur les champs de bataille d'Italie et de France.

Mgr Daniel, aumônier en chef du Régiment, les harangua après la messe ; il termina en ces termes son allocution chaleureuse :

« Le Général de Sonis, celui qui vous a conduits
« à la bataille, celui qui a voulu un Zouave pour
« porter le Drapeau du Sacré-Cœur, celui qui
« vous a dit : « Faites voir ce que peuvent des
« soldats chrétiens..... En avant..... Voici le
« moment ou jamais d'arborer votre Etendard ! »
« le Général de Sonis a voulu vous conduire lui-
« même au Cœur de Jésus. Avec vous à la

---

(1) Ce récit est emprunté au *Messager du Cœur de Jésus*.

« bataille, il a voulu s'associer à votre consécra-
« tion et en formuler lui-même les paroles.

« Qu'elles deviennent, Messieurs, la formule
« de votre consécration : nous n'y changerons
« rien ; ces paroles, pour nous, sont sacramen-
« telles... »

Alors, d'une voix profondément émue, le digne aumônier récita l'acte suivant, écouté avec une religieuse attention :

### ACTE DE CONSÉCRATION

O Jésus, vrai Fils de Dieu, notre Roi et notre Frère, rassemblés tous ici, au pied de vos autels, nous venons nous donner pleinement à Vous et nous consacrer à votre divin Cœur.

Vous le savez, Seigneur, nos bras se sont armés pour la défense de la plus sainte des causes, de la vôtre, Seigneur, puisque nous sommes les soldats de votre Vicaire.

Vous avez permis que nous fussions associés aux douleurs de Pie IX, et qu'après avoir partagé ses humiliations, nous fussions violemment séparés de notre Père.

Mais, Seigneur, après avoir été chassés de cette terre romaine, où nous montions la garde au tombeau des saints Apôtres, vous nous prépariez d'autres devoirs, et vous permettiez que les soldats du Pape devinssent les soldats de la France.

Nous avons paru sur les champs de bataille, armés pour le combat. Votre Cœur adorable, représenté sur notre Drapeau, abritait nos bataillons.

Seigneur, la terre de France a bu notre sang, et vous savez si nous avons bien fait à la patrie le sacrifice de notre vie.

Beaucoup de nos frères sont morts. Vous les avez

rappelés à Vous, parce qu'ils étaient mûrs pour le ciel.

Mais nous, nous restons, et nous ignorons le sort que vous nous réservez.

Faites, mon Dieu, que la vie que vous nous avez laissée soit tout entière consacrée à votre service.

Nous portons tous sur nos poitrines l'image de votre Sacré-Cœur; faites que nos cœurs en soient l'image encore plus vraie. Rendez-nous dignes du nom de soldats chrétiens.

Faites que nous soyons soumis à nos chefs, charitables pour le prochain, sévères pour nous-mêmes, dévoués à nos devoirs et prêts à tous les sacrifices.

Faites que nous soyons purs de corps et d'âme; qu'ardents dans le combat, nous devenions tendres et compatissants pour les blessés.

O Jésus, dans les dangers et dans les souffrances, c'est de votre divin Cœur que nous attendons votre puissant secours. Il sera notre refuge lorsque tous les appuis humains nous manqueront, et notre dernier soupir sera notre dernier acte d'espérance dans sa miséricorde infinie.

Et Vous, ô divine Marie, que nous avons choisie pour notre Mère, à Vous aussi nous avons rendu témoignage.

Les champs de bataille ont vu le long cortège des mères, des épouses et des sœurs en deuil; et, lorsque de pieuses mains remuaient la terre qui recouvre les morts, on savait reconnaître les nôtres à votre Scapulaire.

Soyez donc notre protectrice, et obtenez-nous la grâce de nous tenir étroitement unis à Vous dans le Sacré-Cœur de Jésus, durant la vie et à l'heure de la mort, pour le temps et pour l'éternité.

Ainsi soit-il.

Après avoir prononcé cette formule, Mgr Daniel, s'adressant à M. de Charette, lui dit : « Si les sentiments du Général de Sonis sont les

vôtres, si vous avez la confiance qu'ils sont également ceux de votre Régiment, Notre-Seigneur au Saint-Sacrement exposé sur l'autel vous y autorise, je vous donne la parole pour les exprimer. »
Et M. de Charette de répondre aussitôt, d'une voix claire et forte :

A l'ombre de ce Drapeau, teint du sang de nos plus chères victimes, moi, Général, baron de Charette, qui ai l'insigne honneur de vous commander, je consacre au Sacré-Cœur de Jésus la Légion des Volontaires de l'Ouest, les Zouaves Pontificaux, et, avec ma foi de soldat, je dis de toute mon ame et je vous demande de dire tous avec moi :

« CŒUR DE JÉSUS, SAUVEZ LA FRANCE ! »

Un cri unanime lui répond aussitôt :

« *Cœur de Jésus, sauvez la France !* »

En souvenir de ce grand acte, la piété des fidèles a voulu ériger en l'honneur du Sacré-Cœur un magnifique autel en bois sculpté, et l'a richement doté d'ornements, de vases sacrés, de lampes, de candélabres, etc.

Depuis cette époque, des messes sont dites pour les morts de la Légion. Une fondation régulière a même été établie à cet effet.

La Légion des Volontaires fut licenciée le 13 août

1871 ; les Zouaves rentrèrent dans leurs foyers ; aucun ne voulut accepter de grade dans l'armée française ; on vit même des Capitaines préférer retourner à la charrue plutôt que de s'enrôler dans les troupes régulières. Ils sont là, chez eux, prêts à tout quitter pour voler de nouveau au secours de l'Eglise et de la Patrie.

Deux circonstances solennelles les ont cependant réunis, à Paray au mois de juin 1873, et à la Basse-Motte en 1885. Nous allons, à cet égard, entrer dans quelques détails. Notre sujet le demande.

## XI

### Les Zouaves à Paray-le-Monial.

Lorsque la paix eut été complètement rétablie en France, il s'y produisit un grand mouvement religieux ; on se sentit doucement attiré vers les sanctuaires célèbres dédiés à Jésus, à Marie et aux Saints ; on allait y demander pardon et miséricorde. Mais ce fut surtout à Paray-le-Monial que les Pèlerinages eurent lieu. On y arriva de tous les côtés en l'année 1873. Les Zouaves, si dévots au Sacré-Cœur de Jésus, ne pouvaient manquer cette occasion de manifester leur foi et leur piété. Charette les convoqua tous à Paray pour le 20 juin, jour assigné au Pèlerinage de Paris ; il envoya en même temps, au tombeau de la Bienheureuse Marguerite Marie, le *fac-simile* du Drapeau de Loigny.

Bien des Zouaves morts furent représentés dans ces fêtes par des membres de leur famille. L'intrépide Henri de Verthamon le fut par sa jeune veuve et son fils aîné, Jean de Verthamon, alors âgé de dix ans. L'acte qu'accomplirent en cette circonstance, avant l'arrivée des Zouaves, cette vertueuse épouse et ce jeune enfant, est digne d'être offert en spectacle aux Anges du ciel et d'être conservé à la postérité.

C'était le 13 juin, après la messe : l'enfant l'avait servie ; la mère y avait communié. Jean de Verthamon s'avance au pied du maître-autel du Sacré-Cœur, s'agenouille sur le degré : tout près de lui, devant la châsse de la Bienheureuse, est le *fac-simile* du fanion trempé du sang de son père. Là, d'une voix limpide et ferme, écho d'un cœur qui déjà comprend ce qu'il fait, il lit l'acte de consécration des Zouaves au Sacré-Cœur de Jésus, cet acte dont son père avait eu la première idée et qu'il avait comme signé de son sang sur les plis du Drapeau. La mère se tenait en arrière, suivant tous les mouvements de son fils, écoutant toutes ses paroles, ratifiant toutes ses promesses. Digne compagne d'une vie immolée sous la Bannière du Sacré-Cœur ! digne mère d'un enfant jaloux de marcher déjà sur les glorieuses traces de son père !

.˙.

Dans la journée, le jeune de Verthamon écrivit au Général de Charette une lettre touchante pour lui faire part de cette consécration.

« Paray-le-Monial, 13 juin 1873.

« Général,

« J'ai eu l'honneur de remettre, ce matin, sur la
« châsse de la Bienheureuse Marguerite-Marie
« Alacoque, la consécration du Régiment des
« Zouaves au Sacré-Cœur de Jésus.

« Après en avoir fait tout haut la lecture dans le
« sanctuaire, j'ai demandé, par l'intercession de la
« Sainte dont nous sommes venus aujourd'hui
« vénérer les restes sacrés, la grâce d'être tou-
« jours fidèle à remplir les devoirs dont mon père
« m'a donné un si noble exemple, et, comme lui,
« d'être prêt, moi aussi, à donner un jour, s'il le
« faut, ma vie pour l'Eglise et pour ma Patrie.
« C'est dans ces sentiments que je vous prie de

« vouloir bien agréer, Général, la promesse de
« mon entier et respectueux dévouement.

« Jean de Verthamon. »

Voici la réponse du Général de Charette :

« Mon jeune et cher Ami,

« Permettez-moi de vous appeler ainsi, mon
« âge m'en donne presque le droit, et le souvenir
« de votre père m'y engage et m'y autorise. Vous
« venez, en son lieu et place, de faire un acte
« public de dévotion à ce Sacré-Cœur qu'il hono-
« rait d'une si grande et si généreuse manière,
« et sous la Bannière duquel il a eu le bonheur
« de verser son sang. Suivant le noble exemple
« qu'il vous a laissé, vous venez de promettre de
« donner votre vie, s'il le faut, pour la défense
« de l'Eglise et de la France. Votre père a reçu vos
« serments, et du haut du ciel où il se trouve il
« vous bénit. Oui, je n'en doute pas un instant,
« vous suivrez la route qu'il vous a montrée : car
« bon sang ne peut faillir.

« J'ai, moi aussi, un fils ; il est à peu près de
« votre âge : vous vous rencontrerez, j'en ai la con-
« fiance, sur le chemin du devoir, comme vos pères
« ont eu le bonheur de s'y trouver avant vous (1).

(1) Dieu a rappelé à lui ces deux enfants : ils étaient mûrs pour le ciel! Un nouveau deuil a frappé M⁻ la Comtesse de Verthamon : elle a perdu, en 1888, une fille qui avait été baptisée sur le cercueil de son père en 1871.

« Puisse Dieu vous bénir tous les deux, vos
« familles, le Régiment ! Il ne peut qu'exaucer les
« prières que vous lui avez faites en cette circons-
« tance ; adressées par un ange, elles lui auront
« été transmises par un martyr.

« Ma lettre est bien sérieuse pour votre âge ;
« vous ne la comprendrez peut-être pas bien. Il
« faut m'excuser : en écrivant au fils, je crois
« écrire au père.

« C'est en son nom que je vous aime comme
« je l'aimais lui-même, et que je vous embrasse
« comme il vous aurait embrassé.

« Baron de Charette. »

Le Général arriva bientôt à Paray. Il apportait avec lui le Drapeau de Loigny ; on voyait çà et là quelques taches de sang semées sur l'étoffe blanche, à côté des trous des balles prussiennes : ce sont les traces du sang des Porte-Drapeau : elles touchent pour ainsi dire à la plaie du Cœur de Jésus. Il était juste que cette Bannière, *qui avait été vaillamment à la peine, fût maintenant à l'honneur*. Elle était attachée à une hampe qui s'aiguise au sommet en un fer de lance. Charette la déposa près du tombeau de la Bienheureuse.

Le 20 juin, plus de 350 Zouaves étaient réunis autour de lui. Les autres n'avaient pu arriver ce jour-là, à cause de l'encombrement des voies ferrées. Ils ne vinrent que le 26 juin.

La journée du 20 juin fut magnifique à Paray. C'était la fête du Sacré-Cœur : Paris, Lille, Cambrai, Arras, l'Alsace, Besançon, Orléans, Limoges, Chartres, Amiens, Vichy s'y étaient donné rendez-vous. Les Zouaves eurent à la Visitation leur communion générale. Comme à la bataille, Charette se leva le premier et, après avoir reçu la Sainte Hostie, avant de regagner sa place, il alla baiser l'Oriflamme de Patay. Tous les Zouaves firent comme lui. C'était simple, mais cette simplicité arrachait des larmes aux témoins aussi bien qu'aux acteurs de cette scène.

A ce banquet céleste on vit également s'asseoir le doux et brave Général de Sonis. Là, devant les Zouaves, il était bien à sa place.

La messe pontificale fut célébrée en plein air, sous les grands arbres de l'avenue de Charolles. Afin que tout se passât avec ordre, on organisa un défilé, ou plutôt une procession de tous les Pèlerins. Près de cent cinquante bannières étaient déployées. En tête, on apercevait celles de Metz, de Strasbourg et de Neuf-Brisach ; puis venaient celles du Vœu National, d'Orléans, de Paris, etc., etc. On cherchait des yeux l'Oriflamme de Loigny. Comme c'était un emblème de guerre, Charette n'avait pas voulu qu'elle figurât dans les rangs pacifiques des Pèlerins. Le Général s'était rangé, avec les siens, sous la bannière du Vœu National. Ils étaient tous en habit civil. Lorsque la foule les vit apparaître, elle fit entendre de sympathiques acclamations, auxquelles se mêlèrent des battements de mains longtemps répétés.

Impatients de détourner ces ovations dont ils étaient l'objet, les Zouaves entonnèrent aussitôt le cantique du Sacré-Cœur. Rien d'entraînant comme ce chant s'échappant de ces cœurs virils, qui seraient encore prêts à donner tout leur sang pour la cause de Jésus-Christ, de Rome et de la France. Des milliers de voix leur firent écho.

.*.

A midi Charette réunit à sa table les Généraux qui avaient pris part au Pèlerinage et ses anciens compagnons d'armes ; M<sup>me</sup> Stone, qui a si bien gagné sa croix de Mentana, avait demandé et obtenu la faveur de prendre place parmi eux.

A la fin du repas, Charette prononça les paroles suivantes :

« Messieurs,

« Dans les circonstances où nous nous trou-
« vons, en ces lieux qui rappellent tant de souve-

« nirs, en ce jour à jamais mémorable, un seul mot
« doit être dit, un seul nom prononcé : celui du
« Sacré-Cœur. Il nous rappelle notre passé et
« notre foi religieuse ; car c'est sous ces insignes
« que nos ancêtres ont défendu leurs croyances.

« Il est notre légende ; car c'est grâce à cet
« amour du sacrifice, dont le Sacré-Cœur est
« l'emblème le plus sublime, que nous avons
« eu le bonheur de répandre notre sang pour
« notre Dieu, pour son représentant sur la terre,
« et pour la grande cause de la défense du pays !

« Il est notre Drapeau ; car c'est lui qui nous a
« conduits sinon à la victoire, du moins au devoir,
« et ce Drapeau repose aujourd'hui sur le corps
« de cette sainte à qui Dieu a promis que la
« France, le plus beau royaume après celui du
« ciel, serait régénérée quand son Divin Cœur
« serait peint sur nos étendards !

« Oui, Messieurs, le Sacré-Cœur est notre foi
« et notre espérance ! Il est notre principe, notre
« légende et notre drapeau !

« Nous sommes prêts à nous grouper sous les
« plis de cet Etendard et à le teindre encore de
« notre sang si l'Eglise, si la France ont un jour
« besoin de nous !

« Cœur de Jésus, sauvez la France ! »

.•.

Après ce discours chacun retourna à la prière. C'était, du reste, l'heure de la deuxième procession générale des Pèlerins et des bannières. Elle devait se diriger, cette fois, vers le jardin de la Visitation, y suivre pas à pas la trace des apparitions du Sauveur, puis reprendre la grande allée des Platanes et se rendre, comme le matin, vers l'autel dressé en plein air, pour le sermon, le salut et la bénédiction des bannières. Le défilé des vingt-cinq mille Pèlerins dura plus de deux heures. Les Evêques, qui terminaient la procession, prirent place sur l'estrade de l'autel avec les autres Prélats et les principaux membres du clergé. De Sonis, de Charette et les autres Généraux voulaient rester modestement sur la route, confondus parmi les Zouaves ; mais Mgr l'Evêque d'Autun les pria de monter aussi sur l'estrade. Au moment où la foule entrevit le Général de Sonis gravissant péniblement les marches, appuyé sur le bras d'un prêtre, une immense acclamation salua le glorieux mutilé de Patay. De nouveau le nom de Charette eut sa part aux ovations enthousiastes de la multitude.

Le sermon prêché par le R. P. Félix commença vers quatre heures. L'orateur montra les liens qui unissent la France au Sacré-Cœur de Jésus, et par conséquent les motifs d'espérance qu'elle a droit de puiser, bien qu'humiliée et châtiée, dans l'histoire déjà deux fois séculaire de sa dévotion à ce Cœur adorable ; il rappela les divers moyens de propagation qu'a employés la France pour étendre cette dévotion dans le monde entier. Bien des fois ce beau discours fut interrompu par le chant du refrain :

Dieu de Clémence,
O Dieu vainqueur,
. . . . . . . . . .

Jusque-là cependant l'émotion ne s'était trahie que par des larmes ; la foule avait contenu son enthousiasme. Mais bientôt il lui fut impossible de résister davantage à l'émotion qui la gagnait. Elle éclata en longs applaudissements et en vivats répétés par des milliers de voix, lorsque, faisant allusion à l'héroïsme des Zouaves dans la dernière guerre, le prédicateur s'écria : « Le
« combat de Patay n'avait pour les Zouaves pon-
« tificaux que deux issues possibles : la victoire ou
« le martyre. Dieu, cette fois, leur donna le mar-
« tyre : ils tombèrent en inondant de leur sang
« la Bannière du Sacré-Cœur, qu'au plus fort de
« la mêlée ils avaient déployée devant l'ennemi,
« cette Bannière, mes frères, que depuis ce
« matin vous entourez de votre vénération et
« inondez de vos larmes. Ah ! gardez-le précieu-
« sement, ce Drapeau glorieux ; car, un jour, c'est
« ma conviction, c'est la vôtre, et ce doit être

« l'espoir de tous les catholiques et de tous les
« Français, il reparaîtra sur les champs de
« bataille... cette fois pour nous donner la vic-
« toire ! »

Après le sermon et le salut du Très-Saint Sacrement eurent lieu la bénédiction de toutes les bannières et la consécration de la France au Sacré-Cœur. Le lendemain, beaucoup de Zouaves quittèrent Paray.

.˙.

Le 27 juin, les Zouaves bretons arrivèrent à leur tour : Charette les attendait avec son Drapeau. Ils furent reçus par leur compatriote, Mgr de Lézéleuc, Evêque d'Autun. Dans une allocution touchante qu'il leur adressa, il les engagea vivement à garder leur simplicité et leur foi bretonnes. « C'était à vous, leur dit-il, plus qu'à tous les
« autres qu'il appartenait de venir ici, vous,
« chrétiens de vieille roche, vous dont les ancê-
« tres il y a quatre vingts ans, dont les enfants
« il y a quelques jours, combattaient avec les
« insignes du Sacré-Cœur. Que ce Cœur Sacré
« vous conserve toujours aussi dignes de la véri-
« table France, dont le salut viendra peut-être
« de la vaillance de vos bras ! »

A ce moment, un léger applaudissement menaça d'éclater ; mais il fut aussitôt réprimé par le geste souverain et l'énergique protestation de l'humble Pontife. « Ah! mes frères, je vous en conjure, je vous en prie, comme compatriote et comme Evêque, n'applaudissez jamais celui qui prêche, quel qu'il soit. Donnez à Dieu des prières et des actes, ce sont les seuls applaudissements qui plaisent à son Sacré-Cœur! »

Les exercices de dévotion eurent lieu comme d'habitude.

Le soir, après la procession, Charette et les Zouaves Bretons disparurent subitement, en fredonnant leur chant favori de Castelfidardo, de Rome et de Mentana. Ils allaient se grouper près du tombeau de la Bienheureuse, autour de leur glorieux Étendard, et accomplir là une cérémonie toute de famille, solennelle cependant et sublime dans sa simplicité. Quand tout le monde se fut retiré de la chapelle, Charette, resté seul avec ses Zouaves, se mit à genoux en tête du groupe ; puis, tenant d'une main le Drapeau de Patay, l'autre levée vers l'autel, en témoignage de son serment, il renouvela, d'une voix forte mais émue, l'admirable consécration de Rennes du 28 mai 1871.

Etreignant ensuite le Drapeau sur sa poitrine couverte de blessures, il lui imprima un long et chaleureux baiser. Tous les Zouaves vinrent après lui embrasser cette chère Bannière. L'émotion était indescriptible ; les larmes coulaient abondamment sur ces mâles visages brunis par la poudre et le feu des batailles ; les Religieuses sanglotaient derrière la grille. Il semblait que l'image de la France apparaissait, aux yeux de tous, à côté du Cœur de Jésus et annonçait à ses pieux et chevaleresques enfants le salut et la régénération de la Patrie !

Pendant ces fêtes, les Belges avaient été ravis d'admiration en voyant la piété des Zouaves et surtout celle de Charette. Un jour, ils l'abordent et lui disent :

— « Général, quand vous aurez besoin de nous pour délivrer le Pape, nous sommes là ! »

— « Merci ! mes enfants, merci ! » répond Charette ému jusqu'aux larmes. Puis il ajouta : « Jusqu'ici, j'avais eu foi que la France serait sauvée par le Sacré-Cœur ; maintenant j'en ai la certitude. »

Ces paroles excitèrent de nouveau l'enthousiasme des Belges, et ils ne laissèrent partir le Général qu'après avoir répété plusieurs fois : *Vive le Sacré-Cœur ! Vive Pie IX ! Vive Charette !*

.*.

Il nous reste encore à parler de la seconde circonstance où les Zouaves se trouvèrent réunis. Ce récit fera l'objet du chapitre suivant.

## XII

**Les Noces d'Argent du Régiment des Zouaves.**

On se rappelle qu'en 1860, Pie IX n'ayant plus rien à espérer des Gouvernements, résolut de pourvoir à la défense de son trône par le concours volontaire de la jeunesse catholique. Il chargea Mgr de Mérode de faire un appel à cette jeunesse et d'offrir le commandement en chef à La Moricière, ce Général si distingué qui avait pris Abdel-Kader et sauvé la civilisation dans les rues de Paris, en juin 1848.

Le Prélat se rendit donc au château de Prouzel, en Picardie, où s'était retiré La Moricière après le coup d'Etat, et exposa au Général l'objet de sa mission. Il lui demandait « de quitter la France et de prendre le commandement d'une poignée de jeunes gens qui n'avaient pas vu le feu, de combattre sans espoir et de mourir sans gloire. » Tout à coup le guerrier se lève et dit d'une voix nette et calme : « J'irai. » Mgr de Mérode « pose alors ses mains sur les épaules de celui qui venait de faire cette promesse, comme pour le bénir, approche sa tête en silence de la poitrine du héros et il baise son cœur (1). »

La Moricière se rendit à Rome au mois d'avril et s'occupa aussitôt de l'organisation de l'armée pontificale.

La jeunesse catholique avait entendu l'appel du Saint-Père, heureuse de trouver l'occasion de se retremper dans l'esprit de sacrifice. Les Français et les Belges arrivèrent les premiers. Ils étaient peu nombreux, sans doute ; mais ils l'étaient assez pour former une petite armée et marcher contre l'ennemi.

Tels furent les humbles débuts du Régiment des Zouaves. C'était en 1860. L'année 1885 ramenait donc le 25$^{me}$ anniversaire de la création de ce Régiment. Charette, devenu Général, ne pouvait manquer en cette circonstance de réunir autour de lui ses compagnons d'armes, afin de célébrer ensemble leurs *Noces d'Argent* de Zouaves Pontificaux.

Il les convoqua pour le 28 juillet 1885, à son château de la Basse-Motte (Ille-et-Vilaine). Cette réunion fut une vraie fête de famille. Huit cents Zouaves venus de tous les pays, Français, Belges, Hollandais, Italiens, Canadiens, Espagnols, étaient là groupés autour de leur chef, tous animés du même esprit, de la même foi,

---

(1) Mgr Dupanloup.

du même amour, sans distinction de nationalité.

On avait espéré que Mgr de Rende, nonce de S. S. Léon XIII, viendrait présider cette touchante cérémonie. Il en fut empêché, à son grand regret.

La messe fut célébrée par Mgr Sacré, Prélat romain et curé de la cathédrale d'Anvers, ancien aumônier des Zouaves. On avait dressé un autel sous les grands arbres du parc. Bien des larmes furent versées lorsqu'on vit apparaître les deux drapeaux du Régiment, le drapeau pontifical et le drapeau de Loigny. Le premier était tenu par M. d'Albiousse et entouré du Général de Charette et du Commandant de Lambilly; l'autre était tenu par M. de Cazenove de Pradines, le glorieux blessé de Patay, et Guillaume de Bouillé, fils et petit-fils des héros de Loigny. Charette avait désiré la présence d'un des enfants de M. J. de Bouillé. — « Si vous pouviez amener un de vos enfants, avait-il écrit à la mère, le spectacle religieux et celui de cette réunion, presque unique dans l'histoire, lui resteraient gravés dans le cœur. »

A midi, le Général annonça plaisamment que c'était l'heure de la soupe. On sait avec quelle sollicitude il veillait au bien-être matériel de ses soldats et s'occupait de l'« ordinaire ». Ce jour-là l'ordinaire fut, à la Basse-Motte, tout à fait extraordinaire. Tout avait été prévu, rien ne manquait. A la fin du repas, Charette se leva et prononça un discours admirable que nous reproduisons en grande partie :

« Mes chers Camarades,

« Au mois de mai 1860, La Moricière avait
« répondu à la grande voix de Pie IX, et à sa
« suite plusieurs Français et Belges étaient ac-
« courus à Rome. La Moricière ! Sans lui, nous
« ne serions peut-être pas ici, Messieurs. La
« Moricière ! Ce nom est acquis à l'histoire et
« résume gloire, honneur et fidélité, et le plus
« pur patriotisme.

« Le Général me nomma Capitaine-Comman-
« dant des Franco-Belges et me chargea d'orga-
« niser le Corps.

« Nous étions quinze !... Huit sont tombés sur
« le champ de bataille, les autres sont présents.

« Une semaine après, nous étions à la caserne
« de la Cimara, lorsqu'un détachement des trou-
« pes pontificales passa, clairon en tête. Le
« Général de Pimodan partait en expédition

« pour aller châtier les bandes garibaldiennes,
« qui avaient envahi le territoire du côté de
« Viterbe.

« Je courus au ministère des armes, et, une
« demi-heure après, nous suivions la colonne et
« nous nous embarquions pour Civita-Vecchia.

« A Monte-Romano, nous fûmes rejoints par
« quatre guides de Lamoricière. M. le comman-
« dant de Montcuit, ici présent, fut nommé capo-
« ral-clairon. A Viterbe, le lieutenant Sisson vint
« nous rejoindre avec trente recrues.

« Les volontaires arrivaient en foule. Ce fut
« alors que se présenta M. de Becdelièvre, ancien
« capitaine de chasseurs à pied, qui avait les plus
« brillants états de service.

« Le général de Lamoricière lui confia le com-
« mandement de la petite troupe et fit bien. Elle
« était composée alors de deux compagnies, dont
« la première était commandée par le capitaine
« de Charette et la seconde par le capitaine Guel-
« ton.

« Peu après, deux autres compagnies furent
« créées, ainsi qu'une compagnie de dépôt. Elles
« furent confiées à des officiers du Régiment
« suisse.

« Le 19 juin, nous partions pour Terni, où un
« camp d'observation et d'instruction fut formé,
« sous le commandement du général de Pimodan.

« Vous souvient-il, vous, mes amis, qui étiez

« à Castelfidardo, des paroles que nous adressa
« le Général de Pimodan au moment où nous
« passions le Musone et où quelques balles de
« tirailleurs ennemis arrivaient jusqu'à nous?
« Allons, Messieurs, haut les cœurs, et faisons
« honneur à notre uniforme! En avant, et vive
« le Pape! »

« Vous souvient-il du Général à la ferme des
« Crocette, au milieu d'une terrible fusillade,
« blessé déjà et nous montrant de la main l'en-
« nemi en criant encore : « En avant, et vive
« Pie IX ! »

« Nous demeurâmes trois mois à Terni, nous
« exerçant à toutes les manœuvres de campagne.
« Le 12 septembre, nous levions le camp; le 17,
« nous bivouaquions au-dessus de Lorette, et le
« 18 nous recevions à Castelfidardo le baptême
« du feu. La veille, le commandant de Becdelièvre
« nous réunit : « Messieurs, dit-il, demain vous
« allez voir le feu pour la première fois ; afin
« d'être sûrs de faire honneur à votre uniforme,
« passez au confessionnal, j'en sors. »

« Loin de moi la pensée de prétendre qu'il n'y
« a que les gens religieux qui savent se battre;
« mais je soutiens qu'il faut toujours une idée
« surnaturelle quelconque pour entraîner un
« homme sur un champ de bataille, et j'avoue
« franchement que je vais plus gaiement au feu
« lorsque ma feuille de route est en règle.

« Quelques jours avant de quitter Rome, M. de
« Becdelièvre avait eu l'idée, d'accord avec le
« général de Lamoricière, de nous donner l'uni-
« forme de Zouave. M. de Montcuit eut l'honneur
« d'être présenté au Pape avec cet uniforme. Il
« fut accepté avec grande satisfaction par Pie IX.
« J'ai eu le bonheur de le porter un des pre-
« miers.

« Je ne vous raconterai pas la bataille de Cas-
« telfidardo ; je rappellerai seulement l'ordre du
« jour du commandant de Becdelièvre : « Nom-
« mez-les tous ou ne nommez personne ; car tous
« ont fait leur devoir ! »

« Une centaine de volontaires n'avaient pu re-
« joindre le bataillon à Terni ; sous les ordres
« du colonel de Mortillet, de MM. Saisy et Tho-
« malé, ils firent une pointe sur Ponte-Corvo.
« Quelques Zouaves, après la bataille, rejoignirent
« Ancône ; un seul revint à Rome avec armes et
« bagages : il s'appelle Rouleau. — C'était un
« Vendéen !

« Le 1er janvier 1861, le corps fut réorganisé à
« six compagnies et prit le nom de bataillon des
« Zouaves pontificaux.

« Au mois de mars, il fut porté à huit compa-
« gnies. M. Allet fut nommé lieutenant-colonel,
« et le capitaine de la première compagnie chef
« de bataillon.

« Ce fut avec regret que nous vîmes partir notre
« Commandant de Becdelièvre ; c'est lui qui nous
« avait initiés aux détails du service ; c'est lui qui
« nous avait conduits au baptême du feu, et le
« soldat reçut au cœur une blessure profonde en
« voyant s'éloigner un tel chef. Plusieurs de ses
« officiers le suivirent dans sa retraite.

« Mgr de Mérode était ministre des armes ; c'est
« à lui que revient l'honneur d'avoir formé l'ar-
« mée pontificale. Gentilhomme et prêtre, il avait
« compris tout le parti qu'on pouvait tirer du
« dévouement des catholiques de toutes les na-
« tionalités, et que le moment était venu où
« il fallait opposer la force à la force, malgré
« l'infériorité numérique, parce que le sang ré-
« pandu est encore la plus éloquente des protes-
« tations.

« Un trait de lui fera mieux comprendre que
« tout le reste combien il savait défendre ses
« subordonnés. — Comme on lui reprochait
« d'avoir donné de l'avancement à un officier
« dont le nom était un drapeau politique, il ré-
« pondit « que le drapeau avait été troué à Cas-
« telfidardo »...

« En 1866, le Général Kanzler succéda à Mgr de
« Mérode... Dans toutes les situations très déli-
« cates et très difficiles où il s'est trouvé, il a fait
« preuve d'une grande habileté et s'en est toujours
« tiré à son honneur et au nôtre. »

M. de Charette rappelle ensuite à grands traits les engagements des Zouaves avec l'armée italienne à Ancône, à Ponte-Corvo (1860), à Ponte di Correse (1861), à Ceprano (1862), leur dévouement près des cholériques d'Albano (1867), la campagne de 1867 couronnée par la bataille de Mentana, la capitulation de 1870 sur l'ordre du Vicaire de Jésus-Christ, et les diverses phases de la campagne de France 1870-1871, jusqu'au jour où le Régiment fut licencié. Il a un mot d'éloge pour chacun, il n'oublie que lui seul. Personne n'en est surpris : c'est son habitude. Mais s'il se tait, ses amis parleront et ils le proclameront bientôt le type du gentilhomme chrétien et du chevalier sans peur et sans reproche.

Charette conclut ainsi son récit :

« Tel est, mes chers Camarades, l'abrégé très
« succinct de l'histoire et des transformations de
« notre cher Régiment. Est-ce à dire que nos
« Noces d'Argent soient le dernier acte de notre
« légende ? Ah ! Messieurs, qui peut répondre de
« l'avenir ? Dieu choisit qui lui plaît ! Interrogez
« le passé, constatez le présent, et je vous défie
« de dire qu'il n'y a pas, dans le fond de votre
« cœur, comme une lueur qui va grandissant et
« vous montre que nous avons encore du chemin
« à parcourir, des périls à affronter et, qui sait !
« de la gloire à acquérir ! Comme le disait le

« Colonel d'Albiousse : « Tant qu'il y aura en
« France une croix et une épée, nous avons le
« droit d'espérer. » Que de fois nous avons cru
« que tout était perdu, et alors un fait sur lequel
« nous ne pouvions compter surgissait et nous
« nous retrouvions tous ensemble, prêts à com-
« battre et à mourir, s'il le fallait, pour Dieu et la
« Patrie ; car nous n'avons pas le droit de mentir
« à notre légende! Ah! qu'elle est belle, mes chers
« amis, cette légende!

« A Castelfidardo, ce sont des enfants, comme
« d'Héliand, qui tombent! Sa mère, en appre-
« nant sa mort, chante le *Te Deum!*

« Ce sont de vieux Zouaves d'Afrique, c'est
« Columbeau qui meurt en criant : « Vive la
« France! » C'est un saint comme Guérin dont
« le cercueil, oublié dans une gare en Autriche,
« est enfin rapporté à Nantes en triomphe et opère
« des miracles. C'est le capitaine Guelton, pour
« lequel nous avions autant d'estime que d'af-
« fection, brave comme son épée ; c'est de Parce-
« vaux qui meurt en Breton, en gentilhomme...
« Mais il faudrait les nommer tous.....

« Vous parlerai-je de ceux qui, ayant soif de
« dévouement, se sont faits missionnaires, de
« ceux qui sont allés planter le drapeau du Sa-
« cré-Cœur au centre même de l'Afrique? Salut
« à toi, capitaine Joubert!

« Expliquez-moi, me demandait quelqu'un,

« comment le Régiment tient encore ? — C'est bien
« facile, répondis-je. C'est qu'il n'y a pas un de
« nous qui n'ait fait quelque sacrifice à son Dieu,
« à son pays, et cela pour le Régiment. »

« UN POUR TOUS, TOUS POUR UN, telle a été, telle
« est et telle sera la devise des Zouaves pontifi-
« caux.

« Demandez à nos amis Belges, qui furent les
« premiers à fonder avec nous le bataillon ; de-
« mandez aux Hollandais, qui furent les plus
« nombreux ; demandez aux Canadiens, à cette
« jeune France qui a conservé les traditions de
« la vieille France, aux Espagnols, aux Anglais,
« aux Allemands, si toutes les nationalités, tous
« les rangs n'étaient pas confondus, et si ces élé-
« ments ne se fondaient pas en un seul : l'amour
« et la gloire du Régiment ?

« Je me trouvais, immédiatement après la
« guerre, à Cologne ; je vis arriver à la gare un
« officier prussien qui boitait affreusement. Il
« m'aborde : « Bonjour, mon Colonel. — Mais qui
« êtes-vous donc ? — Un tel, 1$^{re}$ compagnie,
« 4$^{me}$ bataillon. — Vous avez été blessé ? — Oui,
« à Cercottes, et par vous ! Ah ! j'ai bien reconnu
« mon uniforme de Rome. — Je répondis : C'est
« la guerre. — Mon Dieu, oui, si demain elle
« recommençait avec la France ou avec tout
« autre pays, je serais le premier à demander
« du service ; mais si vous alliez à Rome, je

« serais le premier à répondre à un appel du
« Pape !... »

« — *Ab uno disce omnes*. — Je ne crois pas
« trop m'avancer en disant que l'idée religieuse
« n'a fait aucun tort au patriotisme.

« Et comment voulez-vous ne pas être fiers ?
« Partout où le Régiment a passé, il a laissé
« une légende souvent sanglante, toujours glo-
« rieuse.....

« Et maintenant, j'en appelle à vos souvenirs.
« Avons-nous fait notre devoir à Rome ? Je ré-
« ponds hardiment : « Oui ! »

« En France, avons-nous été à la hauteur de
« notre légende ?

« Oui, mes amis, et je me porte garant que,
« quelle que soit la position dans laquelle nous
« pourrons nous trouver, nous ferons notre de-
« voir comme soldats, comme Français, « et
« contre les ennemis du dehors et contre les en-
« nemis du dedans », selon l'expression de l'or-
« dre du jour de notre licenciement, signé du
« Ministre de la Guerre le Général de Cissey.

« Vous souvient-il de notre départ de l'*Oré-
« noque*, lorsque le capitaine de Fumel vous rap-
« portait le Drapeau ? Chacun de nous voulut en
« avoir une parcelle et la conserver sur son
« cœur.

« Vous souvient-il du spectacle sublime de cette
« Bannière portée au plus fort de la mêlée par

« ces hommes vaillants dont les noms resteront
« dans l'histoire : les Verthamon, les Bouillé ?...

« ... Vous souvient-il de tous ces camarades
« tombés sur les champs de bataille à Rome, en
« France ?...

« Je ne veux pas parler de nos morts ; la liste
« en serait trop longue, et ce serait raviver dans
« nos cœurs trop de tristesses.

« Il n'y a, cependant, pas un seul d'entre nous
« qui ne demande à Dieu, comme grâce suprême,
« de mourir comme eux !

« Au dernier moment, S. Exc. le Nonce m'écrit
« qu'en l'absence de son auditeur, appelé à Rome
« pour une raison des plus graves, il ne peut
« quitter son poste. La loi est formelle sur ce
« point.

« Cette absence, que nous regrettons tous, ne
« m'empêchera pas de finir mon discours par les
« paroles que je devais lui adresser et que je lui
« demanderai de vouloir bien transmettre au
« Saint-Père.

« Allez, Monseigneur, allez dire à Léon XIII
« que le Régiment reste fidèle à sa légende, qu'il
« est tout prêt, sur un signe de lui, à se faire
« tuer pour la grande cause qu'il représente, et
« que le jour où la France aura besoin de nous,
« nous vous prierons de lui demander une béné-
« diction spéciale, afin d'être toujours dignes de
« son Régiment. »

A la suite de ce discours, Mgr Sacré fit une allocution très élevée et tout apostolique.

Le Colonel d'Albiousse se leva à son tour, et s'adressant à Charette, lui dit :

« Mon Général,

« Au nom de tous nos camarades, merci de
« nous avoir appelés auprès de vous pour célé-
« brer ensemble les Noces d'Argent de ce Régi-
« ment dont vous êtes à la fois le chef et le
« modèle.

« Vingt-cinq ans de fidélité, c'est peu dans
« l'existence d'un Régiment, c'est beaucoup dans
« la vie d'un homme ; mais, si à l'heure marquée
« par Dieu la vigueur de nos bras ne répondait
« plus à l'ardeur de nos âmes, eh bien ! mon
« Général, nos fils sont là, derrière nous, pour
« prendre la place de leurs pères. Oui ! les an-
« ciens peuvent disparaître, les jeunes viendront
« combler les vides, et le Régiment restera. Il
« restera pour défendre cette grande cause de la
« Papauté avec le même dévouement et le même
« enthousiasme.

« Voilà pourquoi, au nom de tous, des anciens
« comme des jeunes, vous pouvez, mon Général,
« redire au Souverain Pontife Léon XIII ce que
« nous étions si heureux de dire à Pie IX :
« Très Saint Père, pour vous, aux Zouaves

« pontificaux, l'amour s'allie toujours à la fidé-
« lité. »

« Messieurs, tout à l'heure le Général le disait
« avec l'éloquence de son noble cœur, lorsque
« l'armée piémontaise consomma, par la prise de
« Rome, la longue série de ses conquêtes sacri-
« lèges, six cents Français se trouvèrent séparés
« violemment de leurs camarades.

« ... Messieurs, au nom de ces Français du
« Régiment du Pape, devenus soldats du Sacré-
« Cœur, permettez au Lieutenant-Colonel des
« Volontaires de l'Ouest de remercier le Général
« de n'avoir jamais séparé la cause de la France
« de la cause de l'Eglise.

« Ah! Messieurs, cette union répond bien aux
« élans de notre foi et aux ardeurs de notre
« patriotisme! Rome et la France sont tombées
« ensemble; ensemble elles se relèveront. Ai-
« mons-la donc cette Rome des Papes, soyons
« toujours fidèles au mot d'ordre par excellence :
« Parole du Pape, consigne de Dieu! »

« Aimons aussi la France, cette France faite
« par nos Evêques, sauvée par Jeanne d'Arc, et
« dont les fils de saint Louis ont tracé les fron-
« tières de la pointe de leur épée.

« Messieurs, ne séparons jamais ces deux
« causes. Que notre cri de guerre soit demain
« ce qu'il était hier : « Tout pour Rome, tout
« pour la France! »

« Et maintenant, Messieurs, avant de nous
« séparer du Général, permettez-moi de faire
« appel à vos sentiments chevaleresques.

« Un toast donc à la baronne douairière de
« Charette, à cette mère incomparable qui disait
« à son fils qu'elle revoyait après la bataille :
« Mon enfant, je n'ai jamais demandé au Ciel
« qu'une seule grâce pour vous : celle de vous
« voir mourir en chrétien et en gentilhomme ! »

« Un toast à la duchesse de Fitz-James, dont
« le dévouement aux Zouaves a toujours été sans
« défaillance et qui a toujours si bien porté un des
« plus beaux noms de la France chevaleresque.

« Un toast aussi, car nous ne devons oublier
« personne, un toast à M$^{lle}$ de Charette, à la
« fille du Régiment. Sur la terre de Rome, un
« ange l'avait laissée ; sur la terre de France, un
« ange l'a recueillie ; eh bien ! Messieurs, un
« dernier toast à cet ange gardien, veillant à la
« fois et sur la famille et sur le Régiment, à la
« baronne de Charette ! »

.·.

A la sortie de la salle du banquet une surprise attendait Charette. Une cantate en son honneur fut admirablement exécutée par la maîtrise de Saint-Servan. On jugera de son mérite par les couplets qui suivent :

> Qui donc à notre âme souffla,
> Sous les plis de cette Oriflamme,
> La sainte ardeur qui nous enflamme?
> C'est le héros de Nérola,
> Quand il disait à sa troupe aguerrie :
> Plutôt mourir que de trahir l'honneur!
> Sauvons l'Eglise et la patrie,
> Sous l'Etendard du Sacré-Cœur!

> Il marche, et quand son glaive a lui,
> Le Zouave joyeux répète :
> Volons sur les pas de Charette!
> La mort recule devant lui!
> C'est un héros de la Chevalerie,
> Comme Bayard sans reproche et sans peur.
> Sauvons l'Eglise et la patrie,
> Sous l'Etendard du Sacré-Cœur!

.*.

Mais le moment de se séparer était arrivé; après ces grandes cérémonies, les Zouaves rentrèrent dans leurs foyers; ils attendent là un appel de leur chef pour combattre en faveur de l'Eglise, du Pape et de la France.

La Bannière du Sacré-Cœur demeure toujours entre les mains de M. de Charette. Si les désirs du Général se réalisent, elle conduira encore les

Zouaves à la délivrance du Souverain Pontife. Quand le triomphe sera complet, le glorieux Étendard sera suspendu soit à la voûte de l'église de la Victoire, à Rome, à côté des drapeaux Turcs pris à Lépante et à Vienne, soit à l'église du Vœu National de Montmartre, à Paris, et il y demeurera comme un signe et un gage de paix, de bonheur et de prospérité.

---

Notre modeste récit est terminé. Nous espérons de la grâce de Dieu qu'il aura excité et développé dans l'âme de nos lecteurs l'amour du Sacré-Cœur et leur aura fait comprendre l'héroïsme dont serait capable le soldat français, s'il était toujours animé par des sentiments religieux !

# TABLE DES MATIÈRES

I. – Le départ de Rome ; formation de la Légion des Volontaires de l'Ouest .................................... 7

II. — Origine du Drapeau du Sacré-Cœur .................... 11

III. — La remise du Drapeau ............................. 16

IV. — Nouvelles recrues ................................. 20

V. — Entrée en campagne ................................ 24

VI. — Le combat de Loigny ; déploiement de la Bannière du Sacré-Cœur ........................................ 28

VII. — La retraite ; une nuit sur le champ de bataille ........ 35

VIII. — Les blessés à l'ambulance ; les morts ............... 43

IX. — Fin de la guerre .................................. 52

X. — La consécration des Zouaves au Sacré-Cœur .......... 60

XI. — Les Zouaves à Paray-le-Monial ..................... 65

XII. — Les noces d'argent du Régiment des Zouaves ........ 78

www.ingramcontent.com/pod-product-compliance
Lightning Source LLC
Chambersburg PA
CBHW070308100426
42743CB00011B/2406